Thomas Rupf

Ich muss meinem Kind alles zehnmal sagen!

Thomas Rupf

Ich muss meinem Kind alles zehnmal sagen!

Erziehungsratgeber für Eltern

Die Erziehungsfalle:

Wenn aus gesunden Machtkämpfen
eine Interaktionsstörung wird

Bibliografische Information der Deutschen Bibliothek

Die Deutsche Bibliothek verzeichnet diese Publikation in der Deutschen Nationalbibliografie; detaillierte bibliografische Daten sind im Internet über http://dnb.ddb.de abrufbar.

Lektorat:
Andrea Stangl, Paderborn
Gesamtgestaltung:
Benesch DTP, Unterschleißheim
Herstellung und Verlag:
Books on Demand GmbH, Norderstedt

ISBN 978-3-8334-8124-6

Inhaltsverzeichnis

Einführung:
Machtkämpfe – ein Schrecken ohne Ende?

Dieses Buch richtet sich an alle Eltern, die am Thema »Erziehung« interessiert sind. Bis heute hat dieser Themenbereich nicht an Bedeutung verloren, sondern wird unter den Wissenschaftlern immer wieder kontrovers diskutiert. Erziehung ist sicher mehr als eine rein pädagogische Technik, es geht dabei immer um eine intensive emotionale Bindung zwischen den Eltern und ihrem Kind, die auch nonverbale Abläufe und unbewusste Übertragungen beinhaltet. Obwohl es heute schon viele wissenschaftliche Bücher darüber gibt, zeigt sich immer wieder Verunsicherung:

- Habe ich mein Kind richtig erzogen?
- War ich konsequent oder zu nachgiebig?
- Warum muss ich meinem Kind alles zehnmal sagen?

Diese Problemfelder sind den meisten Familien vertraut.
In Beratungsstellen, Praxen und Kliniken zeigt sich, dass viele Mütter und Väter glauben, sie hätten diese Konflikte durch eine falsche Erziehung verursacht, und Schuldgefühle entwickeln. Dabei geht es gar nicht um die Schuldfrage. Das Entstehen von Konflikten innerhalb einer Familie ist ein ganz normaler und gesunder Prozess, der für die Reifung der Kinder und auch der Eltern sogar notwendig ist; man spricht hier von »gesunden« Machtkämpfen.

Wie lassen sich gesunde Machtkämpfe oder Durchsetzungskonflikte beschreiben?

Hierunter versteht man alle Bestrebungen des Kindes, seine Bedürfnisse, Wünsche und Interessen gegenüber seinen Eltern durchzusetzen. Dieser Vorgang ist auf dem Hintergrund des »ich-zentrierten« Denkens eines Kindes zu verstehen, es sieht seine eigenen Bedürfnisse und Wünsche als unverzichtbar an. Dabei wird es immer wieder an Grenzen stoßen, die von den Eltern gesetzt werden. Aufgrund der gegebenen Grenzsetzung kann das Kind sich dann schrittweise orientieren und weiterentwickeln.

Stellen Sie sich einen Fluss vor, auf dem ein kleines Boot schwimmt. Eine stabile Uferbefestigung stellt für das Boot eine natürliche Grenze dar, sodass es zwar das Ufer des Öfteren anstößt, aber nicht im Schlamm stecken bleibt und sich somit im Strom des Flusses weiterbewegt.

Übertragen auf die Erziehung bedeutet dies, dass die Regeln für das Kind eine Grenze darstellen, bei konsequenter Einhaltung das Kind immer wieder an diese Grenzen stößt, sie verinnerlicht und sich so in die gewünschte Richtung weiterentwickelt.
Die Reaktionen der Eltern auf die Machtkämpfe ihres Kindes entscheiden darüber, ob ein anfänglich normaler Durchsetzungskonflikt an Intensität gewinnt, der bei den Eltern bis zur Erschöpfung führt und damit zu einem ernsthaften Problem wird.

Hierbei stellt sich nun folgende Frage:
Wie erkennt man einen Durchsetzungskonflikt, der schon an Intensität gewonnen hat?

Typische Merkmale sind unter anderem:

- Physische und emotionale Erschöpfung der Eltern
- Fortlaufende Diskussionen zwischen Eltern und Kindern
- Grenzüberschreitungen: »Mein Kind schlägt mich und/oder andere Kinder«

Diese Auswahl gibt eine kleine Übersicht darüber, wie anfängliche Machtkämpfe sich zu einem klaren Störungsbild entwickeln können. Fachleute sprechen in diesen Fällen auch von Interaktionsstörungen. Die Grenze zwischen normalen und altersgerechten Machtkämpfen und einer gestörten Eltern-Kind-Interaktion sind fließend.

Im folgenden Kapitel sollen typische und gesunde Machtkämpfe anhand von überschaubaren Beispielen gezeigt werden.

Darstellung gesunder Machtkämpfe

Durchsetzungskonflikte oder Machtkämpfe zwischen den Eltern und ihrem Kind sind in erster Linie ganz gesunde Entwicklungsprozesse. Sie sind sogar für die seelische Reifung eines Kindes notwendig. Ein Kind provoziert und testet seine Eltern, um von ihnen Grenzen gezeigt zu bekommen, an denen es sich weiterentwickeln kann. Eine klare konsequente Durchsetzung einer Regel kann dem Kind zeigen, wo die Grenze eines anderen überschritten wird. Nur über die an die Eltern gerichteten Machtkämpfe kann es diese wichtigen Erfahrungen sammeln.
Im Folgenden sollen nun gesunde Machtkämpfe anhand von ganz alltäglichen Beispielen dargestellt werden:

- *Machtkampf im Kaufhaus: »Ich will unbedingt eine Tafel Schokolade«*
  Viele kennen sicher diese oft peinliche Situation. Man geht mit seinem Kind einkaufen. Nachdem man endlich alles erledigt hat, stellt man sich an die Kasse, um noch schnell zu bezahlen und dann nach Hause zu fahren. Aber oftmals beginnt dann der bekannte Machtkampf, gerade bei kleineren Kindern. Diese sehen bunte Süßigkeiten an der Kasse aufgereiht – eine große Verlokkung. Viele Eltern sind gerade im Sinne der Gesundheitserziehung nicht immer mit dem Kauf von Süßigkeiten einverstanden. Dann entsteht der besagte Konflikt. Die Kinder können dabei unterschiedlich agieren, manche beginnen zu weinen und zu schreien, andere beschimpfen ihre Eltern aufs Übelste. Hinzu kommen oftmals kritische Blicke umstehender Menschen. Eine solche Situation ist meistens sehr unangenehm.
- *Alltagssituation zu Hause: »Mein Kind trödelt morgens beim Anziehen«*
  Dieser Machtkampf ist in fast allen Familien zu beobachten. Insbesondere bei kleineren Kindern geraten viele Eltern in einen Konflikt. Stellen Sie sich einmal vor, dass eine Mutter ihr Kind um 08:30 Uhr in den Kindergarten fahren möchte. In solchen Situationen ist wiederholt zu beobachten, dass beim Heranrücken dieses Zeitpunktes die Kinder immer langsamer reagieren. Sie trödeln beim Waschen, Anziehen und Frühstücken. Viele Eltern treibt dieser Vorgang schier zur Verzweiflung. Obwohl sie ihre Kinder ermahnen, ändert sich nichts, sodass die Einhaltung der Termine in Gefahr gerät.

↳ *»Ich muss alles zehnmal sagen und mein Kind räumt trotzdem nicht auf.«* Spielzeug der Kinder, das beispielsweise im Wohnzimmer liegt, wird nur ungern wieder weggeräumt. Auch nach unzähligem Ermahnen scheinen die Kinder immer wieder gute Argumente zu haben, dem Aufräumen zu entkommen. Kleinere Kinder weinen, reagieren aber auch mit Wutanfällen. Ältere Kinder verstehen es sehr gut, mit ihren Eltern zu diskutieren:
»Immer muss ich aufräumen, nie mein Bruder.«
Solche Argumentationen laden viele Eltern zu einer Diskussion ein, die meistens erschöpfend für beide endet.

Machtkämpfe dieser Art sind gesund und normal, stellen aber die Eltern vor eine hohe Anforderung. Auch die Reaktionen der Kinder (Wut, Beschimpfungen und Trauer) gegenüber den Eltern auf eine gesetzte Grenze sind ein natürlicher Verarbeitungsprozess. Sie brauchen eine Möglichkeit, mit ihrer Enttäuschung und Wut umzugehen. Daher wirkt eine Reaktion wie »Sei still« nicht besänftigend, sondern führt zu einer Unterdrückung der Gefühle der Kinder. Das wiederum kann zu einer versteckten Aggression und zu weiteren Machtkämpfen führen.

Hier noch einmal eine Auswahl gesunder Machtkämpfe in einer Zusammenfassung:

Situation	**Verhalten des Kindes**
Aufräumen	Das Kind will seine Spielsachen nicht aus dem Wohnzimmer räumen.
Ärger	Das Kind ärgert sich, weil seine Eltern ihm eine Grenze gezeigt haben. Es beginnt, die Eltern zu beschimpfen.
Zähne putzen	Das Kind will keine Zähne putzen, es ist wütend und wehrt sich.
Bettgehzeit	Das Kind möchte abends nicht ins Bett gehen.
Fernsehen	Das Kind möchte fernsehen und nicht die Hausaufgaben machen.
Hausaufgaben	Das Kind trödelt bei den Hausaufgaben.

Wie entsteht nun aber aus einem natürlichen und gesunden Machtkampf ein Interaktionskonflikt?
Wie sehen Interaktionsstörungen aus?

Übergang gesunder Machtkämpfe in eine Interaktionsstörung

Die eben beschriebenen Machtkämpfe stellen eine sehr hohe Anforderung an die Eltern dar. Zugleich droht die Gefahr, dass Regeln und Rahmenbedingungen nicht mehr konsequent eingehalten werden können. Die Kinder reagieren in diesem Fall nachweislich mit verstärkter Kontaktaufnahme zu ihren Eltern. Mittels Provokationen wird versucht, die Sicherheit gebenden Grenzen einzufordern, ein Prozess, der den Kindern nicht bewusst ist. Die Eltern empfinden diese Reaktionen als sehr belastend, sie versuchen es ihren Kindern zu erklären, leider ohne Erfolg. In diesem Moment geht der anfangs gesunde Machtkampf in einen Interaktionskonflikt über, die eigentliche Falle ernster Erziehungsprobleme.

Nachfolgend einige typische Machtkämpfe, die in eine Interaktionsstörung übergehen:

Diskussionen zwischen Eltern und Kindern

Ein ganz typischer Konflikt besteht in der Diskussion um eine Regeleinhaltung zwischen Eltern und Kindern.

Kinder reagieren auf Anforderungen der Eltern vermehrt mit Diskussionsangeboten: »Warum muss ich schon wieder aufräumen? ... Ich mache die Hausaufgaben später.«

Diese Angebote verleiten Eltern leicht, in Diskussionen einzusteigen, indem sie recht zuversichtlich versuchen, ihren Kindern wiederholt zu erklären, warum es sinnvoll und notwendig sei, eine Regel einzuhalten. Die Erfahrung zeigt aber, dass Kinder leider selten auf diese Argumentationen eingehen, sondern eher weitere Argumente suchen, um die Regel nicht einhalten zu müssen. Diskussionen laden somit zu einer Endlosschleife ein, in der die Eltern immer mehr erschöpfen, sodass als letzter Ausweg die Kinder angeschrien werden oder ihnen einen »Klaps auf den Po« gegeben wird.

Da Kinder grundsätzlich »ich-zentriert« denken, ist es ratsam, sich keine Hoffnung zu machen, mittels einer Kräfte raubenden Diskussion eine Verhaltensänderung oder eine Regelbefolgung zu erreichen.

Die »Nicht-Wahrung« der körperlichen Integrität

Körperliche Gewalt ist bei den Eltern wie auch bei den Kindern meistens das letzte Mittel, um auf seine Verzweiflung aufmerksam zu machen. Die Aufgabe der Kinder ist es, im Laufe ihrer Entwicklung immer wieder Grenzen zu überschreiten, es ist nicht Zeichen einer gestörten Persönlichkeit. Aufgabe der Eltern ist es, den Überschreitungsversuchen mit konsequenten Regeln und einer ruhigen Haltung zu begegnen und dem Kind eine angemessene Entwicklung zu ermöglichen. Die Versuche der Kinder, immer wieder neu die Grenzen auszutesten, stellen eine sehr hohe Anforderung an die Eltern dar. Viele fühlen sich von ihren Kindern nicht ernst genommen oder angegriffen. Oftmals scheitert der Versuch, auf das Verständnis der Kinder zu bauen, kläglich. Das ist dann ein Zeitpunkt, an dem die Eltern durch ihre Hilflosigkeit immer mehr erschöpfen, sodass sie beginnen, ihr Kind anzuschreien und manchmal zu schlagen. Dieser Ablauf zeigt, dass die Eltern ihre Kinder nicht nur aus Brutalität körperlich attackieren, sondern aus einer eigenen Hilflosigkeit. Trotzdem entwickeln sich Schuldgefühle, die dann anschließend als weiterer Belastungsfaktor für die Eltern hinzukommen. Die Kinder lernen nicht, die körperliche Integrität des anderen zu wahren, wenn sie von ihren eigenen Eltern solche Grenzüberschreitungen erfahren.

Auffälligkeiten im Sozialverhalten als Folge einer Interaktionsstörung

Eine Interaktionsstörung zwischen Eltern und ihren Kindern führt nicht nur zu einer Belastung ihrer Bindung, sondern zeigt sich auch im Sozialverhalten des Kindes außerhalb des Elternhauses. Nicht selten wird die Erfahrung gemacht, dass ein Kind im Kindergarten oder in der Schule auffällig wird. Hierunter kann man ein grenzüberschreitendes Verhalten als auch ein defensiv-ängstliches Verhalten verstehen. Kinder, die in ihrem Elternhaus in einem unklaren Erziehungsrahmen aufwachsen, erkennen Regeln im Kindergarten oder in der Schule nur schwer an.

Wenn zusätzliche Anforderungen an sie gestellt werden, kann es zu aggressiven Ausbrüchen kommen. Sie beginnen den Anweisungen der Erzieher oder Lehrer nicht mehr zu folgen, andere Kinder körperlich zu attackieren.

Daraus resultiert nicht selten ein Leistungsabfall, die Versetzung ist dann das eine oder andere Mal gefährdet. Leider wird diesen Verhaltensweisen vorschnell und unüberlegt die Diagnose »hyperkinetische Störung« oder auch das »ADS-Syndrom« (Aufmerksamkeitsdefizitsyndrom) zugeschrieben.

Andererseits können Kinder, deren Erziehungsrahmen zu Hause nicht klar strukturiert ist, sehr verunsichert werden. Sie sind es gewohnt, dass sie zu Hause wenig Kompromisse eingehen müssen, dass ihre Eltern immer wieder nachgeben, sodass sie keine klaren Grenzen gezeigt bekommen. Im Kindergarten oder in der Schule sind sie auf einmal klaren Regeln und Anforderungen ausgesetzt. Eine für sie ganz ungewöhnliche Situation, die bei ihnen Verunsicherung auslöst. Demzufolge ziehen sie sich zurück, gehen Konflikten aus dem Weg, werden manchmal sogar zu Außenseitern in ihrer Gruppe. Ist allerdings ihre Mutter oder ihr Vater in der Nähe (z.B. beim Abholen), werden sie wieder sehr auffällig, provozieren und überschreiten ihre Grenzen.

Grundsätzlich sind Kinder bei Interaktionskonflikten zu Hause immer auffällig, immer da, wo der Interaktionspartner in der Nähe ist. Außerhalb (Schule/Kindergarten) können sie sich ganz unterschiedlich verhalten, aggressiv im Sinne der gewohnten Grenzüberschreitungen, defensiv im Sinne der Verunsicherung durch ihnen nicht vertraute Regeln und Anforderungen.

Psychosomatische Erkrankung als Folge einer Interaktionsstörung

Hierunter versteht man eine körperliche Erkrankung, bei deren Genese psychische Prozesse eine zentrale Rolle spielen:

Beispiel:

Ein Kind ist es gewohnt, Grenzen zu überschreiten. Die Eltern sind sehr erschöpft und nicht mehr in der Lage, ihrem Kind gegenüber klare Regeln zu zeigen. Dieses Kind kennt daher keine Konfliktbewältigung, da es seinen Willen meistens durchsetzen konnte. In der Schule wird es auf einmal mit ganz anderen Rahmenbedingungen konfrontiert.

Da gibt es Schüler, die provozieren und Konflikte austragen wollen, da gibt es Lehrer, die Anforderungen stellen und Leistungen erwarten. Das Kind fühlt sich verunsichert, es hat nicht gelernt, ein »Nein« der Lehrer zu akzeptieren oder der Provokation eines Mitschülers zu widerstehen.

Es entwickelt Ängste, wehrt diese aber damit ab, dass es die Lehrer und Mitschüler abwertet:
»Die Lehrer sind blöd, die Schüler sind doof, ich will nicht mehr in die Schule.«
Häufig zu beobachten sind dann somatische Erscheinungen wie Kopfschmerzen und Übelkeit. Die Ängste vor der Schule werden jetzt mit Hilfe einer somatischen Störung abgewehrt.

Ein weiteres Beispiel:
Ein sechsjähriges Kind ist in seinem Verhalten sehr grenzüberschreitend, die Eltern wissen nicht mehr weiter. Die Mutter hatte eine schwere Schwangerschaft, in der das Leben ihres Kindes das eine oder andere Mal gefährdet war. Sie hat daraus starke Ängste entwickelt, ihr Kind loszulassen. Aufgrund dieser Ängste ist sie kaum in der Lage, klare Grenzen zu setzen, da sie sonst ein schlechtes Gewissen bekäme in der Meinung, sie würde ihrem Kind schaden oder es verlieren. Dadurch kann ihr Kind sich nicht weiterentwickeln, es kann sich nicht an Grenzen orientieren und eigene altersgerechte Erfahrungen machen. Diese Kinder verhalten sich nicht altersgemäß, sie schlafen häufig noch im Bett ihrer Eltern, können sich schwer von ihnen lösen, wirken aber auch sehr bestimmend. Manchmal entwickeln sie dann körperliche Symptome wie z.B. das Einnässen (Enuresis).
In vielen Fällen wird bei der Enuresis ein enger Zusammenhang mit einer Interaktionsstörung zwischen den Eltern und ihrem Kind gesehen, als körperliche Begleiterscheinung einer Regression (Zurückentwicklung). In diesem Zusammenhang ist aber auch darauf hinzuweisen, dass vorerst immer eine Abklärung durch den Kinderarzt dahingehend erfolgen muss, ob ein organischer Befund vorliegt.
Das Gleiche gilt bei der psychosomatischen Erscheinung der Enkopresis (Einkoten), die eine versteckte Aggression des Kindes gegenüber seinen Eltern ausdrücken kann, vorausgesetzt, es gibt keine organische Erkrankung. Auch hier hat man es mit einer Regression des Kindes zu tun.
Diese Beispiele machen noch einmal deutlich, wie aus ganz normalen Durchsetzungskonflikten oder Machtkämpfen eine Interaktionsstörung mit psychosomatischen Erscheinungen entstehen kann; diese sind nicht die Folge einer verkehrten Erziehungstechnik, sie entwickeln sich in Folge einer Interaktionsstörung zwischen den Eltern und ihrem Kind.

Eine kurze Übersicht von typischen Interaktionskonflikten:

Symptome einer Interaktionsstörung	**Kurzbeschreibung**
Diskussionen	Starke Diskussionen, die Mutter rechtfertigt sich immer wieder. Ihr Kind hat aber gute Argumente dagegen. Die Mutter wird wütend.
Tätliche Reaktionen	Die Mutter möchte nach Hause. Ihr Kind will nicht und beginnt die Mutter zu schlagen.
Einkoten	Das Kind kotet auch im fortgeschrittenen Alter immer wieder ein. Zusätzlich bestehen oft Machtkämpfe zwischen ihm und seiner Mutter oder seinem Vater.
Einnässen	Das Kind nässt ein, ohne einen organischen Befund. Verdacht auf Interaktionskonflikte. Kann für beide sehr belastend sein.
Provokationen	Der Vater fühlt sich ständig provoziert, da er glaubt, das Kind verhalte sich aufsässig, um ihn zu ärgern. Er wird wütend und schlägt sein Kind.

Anstrengende Diskussionen, die zu nichts führen, Erschöpfung und Verzweiflung der Eltern, daraus resultierend Geschrei und tätliche Auseinandersetzungen, die fast immer Schuldgefühle auslösen, aber auch körperliche Störungen wie Bauch- und Kopfschmerzen, Enkopresis und Enuresis können eine Erscheinung oder eine Folge von Interaktionsstörungen sein.

Interaktionsstörungen – eine Frage des Erziehungsrahmens?

- ↳ Wie kann ich mir eine entwicklungsfördernde Erziehung vorstellen?
- ↳ Was kann ich für eine glückliche Erziehung tun?
- ↳ Wie kann ich mich bei der Erziehung meines Kindes gut fühlen?
- ↳ Wie schaffe ich es, dass mein Kind endlich auf mich hört?
- ↳ Was kann ich meinem Kind schon alleine zutrauen?
- ↳ Wie setze ich die aufgestellten Regeln in die Tat um?
- ↳ Ist es für mein Kind schlimm, dass ich allein erziehend bin, es keinen Vater bzw. keine Mutter hat?
- ↳ Was mache ich, wenn mein Partner einen ganz anderen Erziehungsstil hat als ich?
- ↳ Wie gehe ich damit um, dass Oma und Opa meines Kindes uns als Eltern kritisieren?
- ↳ Wenn mein Kind mich provoziert, werde ich wütend – wie kann ich das abstellen?

Eine Reihe wichtiger Fragen, die sich viele Eltern stellen. Um Antworten darauf geben zu können, sollte man sich erst mit den wichtigsten Rahmenbedingungen einer gesunden Erziehung auseinandersetzen.
Wie sieht eine intakte Erziehung eigentlich aus?

Erziehungsrahmen

Ein klarer Erziehungsrahmen ist das Herzstück einer gesunden Erziehung. Er schafft klare Räume und Grenzen für Eltern und Kinder. Die Eltern bilden durch klare Regeln diesen Rahmen, innerhalb dessen darf sich das Kind frei bewegen. Er ist kein starres Gebilde, sondern ändert im Laufe der Entwicklung eines Kindes immer wieder seine Struktur.
Wie entsteht ein solcher Rahmen?

Eltern tragen Verantwortung gegenüber ihren Kindern

Der Erziehungsrahmen ist im Grunde lediglich ein Gebilde aus festen Regeln zwischen Eltern und Kindern. Die erste Aufgabe der Eltern besteht darin, im Sinne der

Fürsorgepflicht Regeln gegenüber den Kindern aufzustellen, auch wenn diese nicht damit einverstanden sind.

Stellen Sie sich einmal folgende Situation vor:
Ein Kind im Alter von neun Jahren ist krank, möchte aber nicht, dass der Arzt kommt. Die Körpertemperatur beträgt 39.5 °C. In diesem Fall hat die Mutter oder der Vater das Recht und die Pflicht, den Arzt zu konsultieren. Eine solche Regel könnte nun grundsätzlich als erster Rahmenpunkt im Sinne der Fürsorgepflicht aufgestellt werden.

Ein weiteres Beispiel:
Ein Vater geht mit seinem sechsjährigen Kind eine Straße entlang. Plötzlich sieht das Kind auf der gegenüberliegenden Straßenseite einen Freund aus dem Kindergarten und will dorthinlaufen. In diesem Fall hat der Vater das Recht und die Pflicht, sein Kind festzuhalten und es daran zu hindern.
Hieraus könnte auch eine feste Regel entstehen, die ebenso in diesen Erziehungsrahmen aufgenommen werden könnte.
Natürlich wäre es bei einem Jugendlichen im Alter von achtzehn Jahren anders, da die Eltern gesetzlich nicht mehr die Verantwortung tragen. Darin zeigt sich auch die Flexibilität des Erziehungsrahmens, der sich mit dem zunehmenden Alter des Kindes durchaus ändern kann.

Ein drittes, recht bekanntes Beispiel:
Eine Mutter ist mit ihrem fünfjährigen Sohn am Strand. Es ist nun 20:00 Uhr, die Sonne geht langsam unter und es ist geplant, nach Hause zu gehen. Auf einmal beginnt das Kind zu schreien, wirft sich auf den Boden, beschimpft die Mutter, da es nicht mit möchte. Diese darf aber aufgrund ihrer Aufsichtspflicht nicht ohne ihr Kind losgehen, sie hat daher das Recht, ihr Kind an die Hand zu nehmen und notfalls auch dann mitzunehmen, wenn es absolut nicht will.
Das wäre ein weiterer fester Rahmenpunkt, der gerade für kleinere Kinder im Vorschulalter gilt.

So könnten Regeln im Sinne der Verantwortungsübernahme der Eltern für ihre Kinder aussehen:

- Bei einer bedrohlichen Krankheit eines Kindes wird immer der Arzt gerufen.
- In gefährlichen Situationen dürfen die Eltern ihre Kinder immer an die Hand nehmen und festhalten.
- Haben die Eltern einen Termin und dürfen aufgrund der Aufsichtspflicht ihr Kind nicht alleine lassen, haben sie das Recht, ihr Kind jederzeit mitzunehmen.
- Versucht ein Kind ein anderes oder die Eltern zu schlagen, haben diese das Recht und die Pflicht, die Situation zu unterbrechen und einzugreifen.
- Die Eltern dürfen im Sinne der Verantwortung durchsetzen, dass ihr Kind die körperliche Hygiene einhält (Zähne putzen, Duschen ...).
- Die Eltern haben das Recht und die Pflicht, darauf zu achten, dass ihr Kind zur Schule geht und die Hausaufgaben erledigt.

Diese Beispielregeln zeigen einen Bereich, in dem die Eltern ohne Zustimmung ihrer Kinder Entscheidungen treffen dürfen – im Sinne ihrer gesetzlich verankerten Pflichten.

Es gibt aber noch einen weiteren Bereich, in dem die Eltern Regeln aufstellen dürfen, ohne die Zustimmung ihrer Kinder einzuholen.

Eltern haben das Recht, ihren eigenen Raum zu schützen

Jeder kennt die Situationen, in denen Kinder den eigenen, ganz persönlichen Bereich der Eltern stören.

Beispiel:

Eine Mutter möchte ihre Freundin anrufen, auf das Gespräch hat sie sich schon lange gefreut. Aber als sie gerade das Gespräch beginnt, kommt ihr zehnjähriger Sohn ins Wohnzimmer und nervt sie mit belanglosen Fragen. Sie bittet ihr Kind, sie nicht zu stören, aber es hört ihr nicht zu. Damit ist es ihr nicht möglich, in Ruhe mit ihrer Freundin zu telefonieren. Gereizt beginnt die Mutter ihr Kind anzuschreien. In diesem

Moment ist es wichtig, dass eine feste Regel aufgestellt wird, damit der durchaus natürliche Machtkampf nicht in einen Interaktionskonflikt stärkeren Ausmaßes übergeht.

Stellen Sie sich eine weitere bekannte Situation vor:
Ein Vater möchte in Ruhe mit seiner Frau fernsehen, aber seine achtjährige Tochter und sein zwölfjähriger Sohn wollen unbedingt einen Krimi sehen. Sie haben dafür eine Reihe guter Argumente, und ehe sich die Eltern versehen, befinden sie sich in einer Diskussion. Ihre Kinder versuchen hier eine Grenze zu überschreiten, denn der Fernseher steht im Wohnzimmer und gehört den Eltern. Die Eltern dürften hier eine klare Regel aufstellen, auch wenn ihre Kinder absolut nicht damit einverstanden sind. Somit wäre ein weiterer wichtiger Rahmenpunkt geschaffen.

Noch eine bekannte Situation:
Die Eltern essen mit ihrem zwölfjährigen Kind zu Mittag. Es ist alles schön angerichtet, leider hört das Kind schon nach kurzer Zeit mit dem Essen auf und beginnt, laut zu werden, Blödsinn zu machen und damit seine Eltern zu stören. Folglich wäre nun auch der eigene Ablauf der Eltern beeinträchtigt, und es wäre auch hier an der Zeit, eine Regel zu schaffen, die wie folgt lauten könnte:
»Stört unser Kind uns beim Essen, darf ich es aus dem Raum schicken, um in Ruhe weiteressen zu können.«

Der individuelle Bereich der Eltern hat einen sehr hohen Stellenwert. Er schafft ihnen Freiräume, Erholung und Kräfte. Es ist entscheidend, dass die Eltern diesen Bereich durch feste Regeln immer für sich wahren.
Damit könnten beispielsweise zum Schutze der eigenen, individuellen Bedürfnisse folgende Regeln für den Erziehungsrahmen entstehen:

- Die Eltern möchten beim Telefonieren nicht durch ihre Kinder gestört werden.
- Über das Fernsehen bestimmen die Eltern.
- Beim Essen sollte kein übermäßiger Blödsinn gemacht werden, ansonsten haben die Eltern das Recht, ihr Kind aus dem Raum zu schicken.
- Die Eltern beenden den Tag mit einem Abendritual und haben dann Zeit für sich,

liegt Spielzeug der Kinder in den elterlichen Räumen (Küche, Wohnzimmer, Schlafzimmer, Bad, Flur etc.), muss es von den Kindern selbst weggeräumt werden.

Es gibt in diesem Zusammenhang eine goldene Regel:

Überall dort, wo Eltern für ihr Kind Verantwortung tragen oder wo ihr eigener Ablauf durch ihr Kind gestört wird, dürfen und sollten sie gegenüber ihren Kindern klare Regeln aufstellen, die dann wiederum den Erziehungsrahmen bilden.

Die Verantwortung für die Kinder und der Schutz der eigenen Bedürfnisse der Eltern sind die einzigen Bereiche, die sie berechtigen, Regeln aufzustellen und damit den Kindern einen klaren Erziehungsrahmen zu bieten. Dieser Rahmen verhindert, dass aus normalen Machtkämpfen ernste Interaktionsstörungen oder sogar Bindungsstörungen werden. Mit zunehmenden Alter der Kinder nimmt die Verantwortung der Eltern ihnen gegenüber ab und der Schutz der eigenen Bedürfnisse und Interessen immer mehr zu. Einem 18-jährigen Kind brauche ich nicht mehr die Regel im Sinne der Verantwortung zu erteilen:
»Du bist um 18:00 Uhr zu Hause!«
Diese Verantwortung trägt das Kind selbst. Hier ist es eher wichtig, dass die Eltern ihren eigenen Rahmen intensiver schützen und sich wieder mehr Zeit für sich selbst nehmen.

Umgekehrt ist die Bedeutung der Verantwortungsübernahme bei einem zehn Monate alten Kind wesentlich höher, und der Schutz des eigenen Raumes kann da noch nicht in dieser Form gewahrt werden.
So schläft ein solches Kind sicher noch im Elternzimmer. Normalerweise ist das Elternzimmer ja ein ganz privater Bereich, in den die Kinder nicht eindringen dürfen, bei einem Säugling wäre es aber notwendig, um keine ernsten Ängste auszulösen. Die Regelaufstellung »im Sinne der Verantwortung und zum Schutze eigener Bedürfnisse der Eltern« verschiebt sich in der Gewichtung mit zunehmenden Alter der Kinder. Bei Säuglingen werden Regeln hauptsächlich im Sinne der Verantwortung für

das Kind aufgestellt, da es diese auch in geringem Maße noch nicht selber übernehmen kann.
Aber schon ab dem Vorschulalter nimmt die Regelaufstellung zum Schutze des eigenen Raumes zu und die im Sinne der Verantwortung allmählich ab.

Der freie Bereich der Kinder im Erziehungsrahmen

Ist ein fester Erziehungsrahmen geschaffen, haben Kinder innerhalb dieses Rahmens eine eigene Welt. Diese beginnt schon mit den ersten Lebensjahren.
Jedes Kind hat ein Recht auf seine Gefühle. Das Zulassen dieser Emotionen ist für ein Kind lebensnotwendig.
Wenn ein Kind versucht, eine Grenze zu überschreiten, ist dies, wie bisher ausgeführt, ein ganz normaler, lebensnotwendiger Prozess. Die Eltern bestehen auf einer Regel und halten damit die Grenze ihrem Kind gegenüber aufrecht:
»Du bekommst heute keine Schokolade.«
Viele Kinder reagieren nun mit Wut und könnten sie etwa wie folgt äußern:
»Das finde ich doof, du bist gemein, du bist blöd!«
Eine solche Reaktion ist kein Angriff auf die Eltern, sondern ein normaler Verarbeitungsprozess der klar gesetzten Grenze. Daher wäre eine Reaktion der Eltern wie »Hör mit dem Weinen auf und sei endlich still« nicht angemessen, da auf diese Weise die kindlichen Gefühle unterdrückt würden.
Eine Reaktion wie »Oh, du bist jetzt aber wütend, ich kann verstehen, dass du jetzt sauer bist, aber es gibt keine Schokolade« wäre der Situation deutlich angemessener.
Ähnlich ist es auch bei dem Gefühl der Traurigkeit. Oftmals gibt es die Situation, dass ein Kind bedrückt aus der Schule kommt und nicht über den Grund reden möchte. Viele Eltern sind dann geneigt, immer wieder nachzufragen, da sie diese Stille meistens nicht ertragen können. Das Verhalten des Kindes ist völlig normal und altersgerecht. Eltern sollten akzeptieren, wenn Kinder nicht jederzeit über ihre Gefühle sprechen möchten. Es reicht aus, wenn die Eltern ihnen das Angebot machen, dass sie jederzeit für ein Gespräch offen sind. Die Entscheidung, wann Kinder über ihre Gefühle sprechen, sollten die Kinder allerdings selber treffen.

Auch Gedanken und Meinungsbilder gehören zum eigenständigen Bereich des Kindes. Ob ein Kind lange oder kurze Haare haben möchte, ob es von seinem Taschengeld eine Puppe oder zwei, ein Auto oder was auch immer kaufen möchte, sollte ihm überlassen werden. Eine eigene Meinungsbildung sollte immer unterstützt werden, auch wenn man als Eltern eine ganz andere Meinung vertritt.

Dazu gehört natürlich auch die freie Auswahl, mit welchen Freunden ein Kind spielen möchte. Es ist ein sehr persönlicher und intimer Bereich des Kindes, der von den Eltern akzeptiert werden sollte. Trifft sich aber ein Kind mit einem Freund, der nachweislich mit Drogen handelt, dürfen die Eltern natürlich eingreifen, im Sinne der Verantwortungsübernahme für ihr Kind. Ansonsten sind die eben aufgeführten Punkte grundsätzlich eigene Bereiche der Kinder, der so genannte freie Raum innerhalb des Erziehungsrahmens.

Dazu zählt auch die räumliche Aufteilung. Das Kinderzimmer ist ein individueller Bereich des Kindes, der als Schutzraum für das Kind akzeptiert werden sollte. Es darf dort auch mal Sachen liegen lassen und kann sich dorthin zurückziehen, wenn es einmal seine Wut gegenüber seinen Eltern ausleben möchte. Schreit ein Kind seine Mutter an, sollte die Wut des Kindes akzeptiert werden, allerdings haben die Eltern zum Schutze ihres eigenen Raumes dann das Recht, ihr Kind aus ihren Räumlichkeiten hinauszuschicken. Im Kinderzimmer darf es aber seiner Wut freien Lauf lassen. Auf diesem Weg lernt das Kind, seine Gefühle nicht zu unterdrücken oder als schuldhaft zu erleben, muss sich aber damit auseinandersetzen, dass es mit seinem Gefühl nicht wahllos umgehen, nicht jeden anschreien kann, sondern dass jeder Mensch das Recht hat, das nicht in seinem Beisein zu dulden. So muss sich das Kind in seine eigenen Bereiche (Kinderzimmer oder draußen im Freien) zurückziehen.

Hier noch einmal eine kleine Zusammenfassung eigener individueller Bereiche der Kinder, die Eltern grundsätzlich beachten sollten:

- Jedes Kind hat ein Recht, frei mit seinen Gefühlen umzugehen.
- Jedes Kind hat das Recht, frei zu denken, eine eigene Meinung zu haben.
- Das Kinderzimmer ist der Bereich des Kindes.

- Das Kind kann selbst entscheiden, welche Kleidung es sich von seinem Geld kauft.
- Das Kind kann über sein Taschengeld selbst verfügen.
- Das Kind darf altersgerechte Handlungen (Fahrrad fahren ...) selbst ausführen, die Eltern sollten nicht alles abnehmen.

Nur in Ausnahmefällen sollten die Eltern eingreifen!
Schreit das Kind die Mutter ständig an, kann sie die Entscheidung treffen, ihr Kind aus der Küche zu schicken, da ihr eigener Ablauf sonst gestört wird.

Oder:
Kauft sich ein Kind von seinem eigenen Geld ein Computerspiel, das erst ab 18 Jahren freigegeben ist, kann die Mutter nun im Sinne der Verantwortungsübernahme verlangen, dass dieses Spiel zurückgegeben wird. Dies sind aber lediglich Ausnahmefälle.

Insgesamt bleibt festzuhalten, dass Eltern im Sinne der Verantwortung für ihr Kind und zum Schutze der eigenen Bedürfnisse den Kindern gegenüber Regeln aufstellen dürfen, auch wenn diese nicht damit einverstanden sind. Diese Regeln bilden den Erziehungsrahmen. Innerhalb des Erziehungsrahmens dürfen sich die Kinder frei bewegen, dessen Grenze wiederum sollten die Eltern nicht überschreiten.

Erziehungsrahmen

Nicht Stören beim Telefonieren (SR); Spielzeug im Wohnzimmer wird aufgeräumt (SR) Wer beim Essen stört, muss den Raum verlassen (SR); Die Eltern schlafen allein (SR)

Gedanken (EB) Gefühle (EB)
Das Kind bestimmt, wie viel es isst (EB)
Kleidung (EB)

Das Kind

Wünsche (EB)

Kinderzimmer (EB)

Frisur (EB)

Eltern entscheiden über ihren Fernseher (SR); keine körperliche Gewalt (V);

Hausaufgaben (V); Bei Gefahr dürfen die Eltern über ihr Kind entscheiden – Hausbrand (V)

(V) bedeutet : Regeln im Sinne der <u>V</u>erantwortungsübernahme

(SR) bedeutet : Regeln zum <u>S</u>chutze des eigenen <u>R</u>aumes

(EB) bedeutet: <u>E</u>igener <u>B</u>ereich des Kindes

Wie setze ich Erziehungsregeln in die Tat um?

Diese Frage stellt sich in der Praxis wiederkehrend.

»Es reicht nicht aus, alles zu wissen, man muss es auch tun« – eine bekannte Lebensweisheit. Aber wie?

Zu dieser Frage soll nun einmal ausführlich Stellung bezogen werden, da dieser Themenbereich auch heute nur selten angesprochen wird. Im vorangehenden Abschnitt wurde der Erziehungsrahmen vorgestellt, der sich aus den Regeln der Eltern gegenüber ihren Kindern zusammensetzt. Die Umsetzung dieser Regeln gestaltet sich bekanntlich als sehr schwer, aber es gibt durchaus auch einfache Wege, Ziele in die Tat umzusetzen.

Die meisten Eltern benutzen die Sprache, sie versuchen dem Kind zu erklären, warum eine Regel sinnvoll sei, und hoffen, dass ihr Kind sie versteht und ihrer Anordnung irgendwann folgt. Leider aber selten mit Erfolg, da der Wunsch und die Bedürfnisse des Kindes offenbar mächtiger sind als das »Gesagte« der Eltern. Zweifelsfrei sollte jede Regel dem Kind einmal erklärt werden, damit es weiß, *warum* eine Anforderung gestellt wird. Aber die immer wiederkehrende Erklärung und Rechtfertigung einer Regel (z.B.: Eine Mutter sagt zu ihrem siebenjährigen Kind: »Bitte sei ruhig, du weißt es doch, ich habe es dir schon so oft gesagt, ich kann bei diesem Lärm doch nicht telefonieren«) macht die Eltern eher zu Marionetten.

Sätze wie »Warum räumst du nicht auf ... ich muss immer alles zehnmal sagen ... bitte mach jetzt deine Hausaufgaben, ich sage es dir zum letzten Mal« gehen am Kind vorbei, da es die Regeln schon zu oft gehört hat. Ein solches Verhalten der Eltern führt beim Kind eher zu Gleichgültigkeit. Diesen Ablauf kann man auch als eine Diskussion zwischen den Eltern und ihren Kindern beschreiben. Diskussionen führen immer zu einer Verstrickung. Kinder haben meistens sehr gute Argumente, ihre Wünsche und Bedürfnisse zu rechtfertigen. Dabei denken sie grundsätzlich »ichzentriert«, d.h. ihre Wünsche haben einen höheren Stellenwert als die Bitte der Eltern, das ist normal und gesund. Es erklärt, warum Kinder auf Diskussionen der Eltern häufig nicht reagieren. Dieses Verhalten ist gerade bei Kindern im jüngsten Kindesalter, aber auch bis hin zur Pubertät zu beobachten, bei zunehmendem Alter kann das Kind jedoch deutlich besser Sachverhalte reflektieren, sodass es im Laufe seiner Entwicklung gelernt hat, auch mal eine andere Meinung zu respektieren und den eigenen Wunsch unterzuordnen. Dies setzt allerdings voraus, dass die Eltern dem Kind im jüngsten Alter einen klaren Erziehungsrahmen geboten haben.

Für die Umsetzung der Regeln gilt ein wichtiger Grundsatz:

Erkläre einem Kind eine Regel nur beim ersten Mal und stelle eine Anforderung mit nur einem Satz, danach sollte immer eine zeitnahe Handlung folgen, die zur Umsetzung der Regel führt.

Stellen Sie sich folgende Situation vor:

Der achtjährige Peter möchte unbedingt fernsehen. Die Eltern wollen aber, dass er damit aufhört, da es Zeit ist, zu Abend zu essen und anschließend ins Bett zu gehen. Die Umsetzung dieser Regel könnte nun wie folgt aussehen:

Eltern: »Peter, wir möchten, dass du mit dem Fernsehen aufhörst, da es nun an der Zeit ist, dass du mit uns zu Abend isst und dann ins Bett gehst.«

Peter: »Ich will nur noch den Film sehen, bitte!«

Eltern: Sie gehen nun zum Fernseher, machen ihn aus, nehmen Peter an die Hand, gehen mit ihm aus dem Wohnzimmer und schließen es ab. Dann sagen sie: »So, jetzt können wir Abendbrot essen, und danach geht es ins Bett.«

Das wäre eine intakte Intervention, die Eltern sparen sich eine Diskussion, haben unmittelbar gehandelt und die Regel erfolgreich umgesetzt. Natürlich kann das Kind jetzt wütend oder traurig reagieren, aber diese Reaktionen sind für eine gesunde Verarbeitung der gesetzten Grenze notwendig. Wichtig bleibt, dass die Eltern mit einer Tat die Regel umgesetzt und damit konsequent gehandelt haben.

Emotionales Verhältnis zwischen Eltern und Kindern bei der Erziehung

Viele Eltern stellen sich jetzt aber die Frage:

Bin ich nicht zu hart, wenn ich so konsequent agiere?

Bekommt mein Kind da nicht Angst vor mir?

Eine der Grundbedingungen für eine erfolgreiche Erziehung ist die emotionale Zugewandtheit der Eltern ihren Kindern gegenüber.

Vergegenwärtigen Sie sich folgende Situation:

Eine Mutter sagt zu ihrem siebenjährigen Kind:

»Ich möchte sofort, dass du den Fernseher ausmachst! Dann geh ins Bett und sei endlich ruhig und wehe, du schreist dann oder machst Theater!« Danach geht sie zum Fernseher, macht ihn aus und schließt das Wohnzimmer ab.

In diesem Beispiel hat die Mutter einerseits ihre Regel konsequent durch eine Handlung (Abschließen des Wohnzimmers) umgesetzt, andererseits hat sie es aber in einer Art und Weise getan, die bei ihrem Kind leicht Ängste auslösen könnte. Sie trat ihm emotional sehr distanziert gegenüber, ignorierte seine Gefühle, verbot sie ihm sogar. Ein angemessenes emotionales Verhalten könnte folgendermaßen aussehen:

Die Mutter sagt zu ihrem siebenjährigen Kind:

»So, es ist an der Zeit, der Fernseher geht jetzt aus.« Dabei könnte die Mutter lächeln, sie geht zum Fernseher, macht ihn aus und nimmt ihr Kind an die Hand, geht aus dem Wohnzimmer und schließt es hinter sich ab. Das Kind könnte jetzt möglicherweise wütend reagieren:

»Ich finde dich blöd, ich will den einen Film noch sehen! Papa ist viel netter als du.«

Darauf könnte dann die Mutter antworten:

»Ich kann deine Wut verstehen, ich glaube, ich wäre an deiner Stelle auch sauer. Allerdings bleibt der Fernseher trotzdem aus.«

Nun könnte das Kind die Mutter weiter nerven und nicht von ihr weichen, sodass ihr eigener Ablauf gestört wäre. So dürfte sie dann eine weitere Regel: »Ich lasse mich nicht beschimpfen« umsetzen:

»Du, wenn du mich immer anschreist, stört es mich, du kannst in deinem Zimmer ganz doll auf mich wütend sein, das ist in Ordnung , aber nicht hier im Raum, weil ich noch arbeiten muss.«

Dann bringt sie ihr Kind aus dem Zimmer, schließt die Tür hinter sich, und ihr Kind kann nun die Wut herauslassen, bis es sich beruhigt hat. Anfangs könnte es schlimmstenfalls gegen die Küchentür hämmern, würde jedoch irgendwann merken, dass es die gesetzte Grenze nicht überschreiten kann.

In diesem Fall ist die Mutter ihrem Kind gegenüber stets emotional zugewandt, aber dennoch konsequent. Sie akzeptiert die Gefühle ihres Kindes, ist ihm gegenüber nicht emotional distanziert.

Die emotionale Wärme der Eltern gegenüber ihren Kindern sollte sich in Konfliktsituationen nicht ausschließen, sondern den Konflikt stets begleiten. Ein Vater und eine Mutter können ihrem Kind klar die Grenzen zeigen, aber auf eine liebevolle Weise.

Gelten diese Regeln auch für Kinder im Alter von ein oder zwei Jahren?

Es stellt sich nun die Frage, ob die bisher aufgeführten Erläuterungen auch für noch sehr kleine Kinder gelten.
Grundsätzlich kann man diese Frage mit »Ja« beantworten. Auch Kinder in diesem Alter brauchen einen klaren Erziehungsrahmen, aber besonders die emotionale Zuwendung. Die Schaffung des Erziehungsrahmens durch Regeln ist hier ähnlich. In Bereichen, in denen die Eltern die Verantwortung für ihr kleines Kind tragen, sollten klare Regeln geschaffen werden, so z.B.:

- Bei einer Erkrankung wird immer der Arzt konsultiert.
- Regelmäßiger Schlaf ist wichtig.

Gerade kleine Kinder können noch nicht eigenverantwortlich entscheiden, sodass Eltern im Sinne der Verantwortung viele Entscheidungen für sie treffen müssen.
Wie sieht es aber bei der Regelaufstellung zum Schutze eigener Bedürfnisse aus?

In den vorherigen Kapiteln wurde gezeigt, dass eine Mutter schon einmal bei ihrem sechsjährigen Sohn das Recht hat, alleine zu telefonieren. Bei Kindern im Alter von ein oder zwei Jahren sollte man hierbei vorsichtiger sein. Macht man die Wohnzimmertür zu, um in Ruhe telefonieren zu können, kann sich bei einem kleinen Kind Angst entwickeln, die wiederum eine Verhaltensauffälligkeit auslösen könnte. Eltern dürfen ihren eigenen Bereich auch in diesem Falle behaupten, bei sehr kleinen Kindern oder gar Säuglingen jedoch keinesfalls durch eine räumliche Trennung. Bei

Kindern im Vorschulalter oder bei Schulkindern kann man dann seinen Bereich problemlos durch eine räumliche Trennung schützen.

Wie kann ich nun aber meinen individuellen Bereich anderweitig behaupten? Wie kann ich nun in Ruhe telefonieren? Wie kann ich ohne eine räumliche Trennung in Ruhe meine Hausarbeit erledigen?

Hierzu einige Beispiele:

- Telefonieren sollte geplant werden, sodass eine Betreuung für das Kind da ist; z.B. könnte man immer dann telefonieren, wenn der Partner oder die Partnerin sich um das Kind kümmern kann oder auch die Oma oder Personen, die dem Kind vertraut sind.
- Ebenso sollte man die Hausarbeit einteilen. Einkaufen könnte man immer dann, wenn eine Betreuung zu Hause ist, eventuell kämen auch Krabbelgruppen in Betracht.

Ebenso bedeutsam ist auch die emotionale Zuwendung zum Kind. Besonders in dieser Altersstufe ist es wichtig, dass Eltern ihre Kinder emotional nicht ablehnen. Sätze wie »Geh mir vom Leib, hör endlich auf zu weinen, du machst mich verrückt« führen bei Kindern im Alter von ein oder zwei Jahren zu Ängsten. Diese Kinder werden meist auffällig, suchen vermehrt den Kontakt zu den Eltern und können bei wiederholter Ablehnung psychisch erkranken. Diese Erfahrungen können dann zu einer Bindungsstörung zwischen den Kindern und ihren Eltern führen.
Ein klarer Erziehungsrahmen ist auch für sehr kleine Kinder notwendig, aber mit einem stärkeren Schwerpunkt auf der emotionalen Bindung.

Zusammenfassung – Wie erziehe ich mein Kind richtig?

	Grenzen setzen: »Ich trage Verantwortung für mein Kind«	Grenzen setzen: »Ich schütze meinen eigenen Raum«	Lösung vom Kind: »Ich lasse den Kindern ihren eigenen Bereich«
Wie sehen diese Regeln aus?	- Gesundheitliche Verantwortung - Gesetzliche Verantwortung	- Schutz eigener Räume - Schutz eigener Bedürfnisse	- Zimmer des Kindes - Interessen - Wünsche - Freizeitgestaltung
Wie setze ich diese Regeln in die Praxis um?	- Keine Diskussionen - nicht auf das Verständnis der Kinder hoffen - Regeln immer durch eine zeitnahe Handlung umsetzen - Keine Bestrafung - Keine Belohnung in Abhängigkeit von der Umsetzung einer Regel	- Keine Diskussionen - Schutz des eigenen Bereiches wird gut durch eine räumliche Trennung gewahrt - fühlen sich Eltern gestört, sollte die räumliche Trennung zeitnah erfolgen	- Jedes Kind hat sein eigenes Zimmer - Gefühle des Kindes sind O.K., auch die Wut gegen die Eltern - Den Kindern ermöglichen, altersgerechte Erfahrungen zu sammeln - Wünsche, Gefühle und Bedürfnisse nicht abwerten
Emotionale Beziehung zum Kind	- Ein Kind muss bei einer Grenzsetzung immer das Gefühl haben, von seinen Eltern angenommen zu sein	- Die Eltern dürfen ihre Gefühle offen zeigen - eine *liebevolle* räumliche Trennung	- Gefühle des Kindes sind wichtig und dürfen nicht bewertet und abgewertet werden
Kurzbeispiele aus dem Erziehungsalltag	- Hausaufgaben: Das Kind darf sein Zimmer erst verlassen, wenn die Hausaufgaben gemacht sind. Dabei liebevoll bleiben	- Telefonieren: Wird eine Mutter von ihrer zehn Jahre alten Tochter beim Telefonieren gestört, muss diese den Raum zeitnah verlassen	- Mürrisch sein: Peter ist genervt von seinen Eltern, er will nicht reden. Die Eltern akzeptieren seine Gefühle, werten nicht und sind für ein Gespräch offen

Die Bedeutung der Kommunikation zwischen Eltern und Kindern

Was bedeutet eigentlich Erziehung? Beschreibt der Begriff Erziehung lediglich den Bereich des Erziehungsrahmens und die damit verbundenen Regeln der Eltern und deren Umsetzung? Nein, Erziehung beinhaltet weitaus mehr. Es geht nicht nur um Regeln, sondern auch um die Kommunikation und Interaktion zwischen den Eltern und ihren Kindern.[1]

Stellen Sie sich folgende Situation vor:

Ein Vater ist mit seinem vierjährigen Sohn Dennis auf einem Spielplatz. Es ist schon spät, und er beschließt, nun nach Hause zu gehen.

Vater: »Dennis, es ist schon spät, wir wollen jetzt gehen!«
Dennis: »Nein, ich will nicht!«
Der Vater wird nun innerlich unruhig, weil ihm die Situation vor all den anderen Eltern peinlich ist. Er wirkt in seiner Mimik und Bewegung hektisch und verunsichert. Trotzdem ist er bemüht, konsequent und ruhig zu handeln, geht zu Dennis, nimmt ihn an die Hand und macht sich auf den Heimweg.

Wie wird Dennis reagieren?
Reicht das konsequente Handeln des Vaters aus, um die Situation in den Griff zu bekommen? Wird Dennis diese Grenze anerkennen?
Leider wird es nicht der Fall sein. Aber warum?

Dieser Vorgang lässt sich leicht erklären. Der Vater hat zwar konsequent und richtig gehandelt. Er hat im Sinne der Verantwortung die Regel aufgestellt, dass er entscheidet, wann es nach Hause geht, und er seinen Sohn Dennis nicht allein zurücklassen darf. Er hat sich auch konsequent ihm gegenüber durchgesetzt, indem er nicht diskutiert, sondern klar gehandelt hat; er zeigte sich ihm dabei emotional zugewandt. Aber er strahlte nonverbal Unsicherheit aus, er wirkte in seinen Bewegungen

---

[1] Siehe auch die Fallbeispiele S. 67 ff.

hektisch. Diese Verunsicherung überträgt sich leider auf das Kind, sodass es durchaus möglich ist, dass dadurch die Grenze für Dennis nicht klar ist. Über die Sprache und die Handlung setzt sein Vater ihm eine Grenze, die er aber durch sein nonverbales Verhalten wieder in Frage stellt.

Das Kind spürt diese Unklarheit und wird mit vermehrter Provokation die Grenze unbewusst einfordern, um eine Sicherheit zu erlangen. Das Ergebnis könnte trotz einer guten »Erziehungstechnik« eine fortlaufende Provokation von Dennis sein.

Was bedeutet das nun für die Erziehung?

Das Verhalten des Vaters kann man auch als eine nonverbale Kommunikation beschreiben, die in diesem Beispiel und auch für den gesamten Themenkomplex »Erziehung« eine weitreichende Bedeutung hat.

Schon Watzlawick sagte: »Man kann nicht *nicht* kommunizieren.«

Erziehung ist mehr als eine reine Technik, Erziehung beschreibt immer eine Kommunikation oder Interaktion zwischen den Eltern und ihren Kindern. In dem Beispiel wurde die Bedeutung der nicht sprachlichen Kommunikation deutlich. Daneben gibt es aber auch die verbale Kommunikation, die Sprache.

Was versteckt sich aber hinter den Begriffen nonverbale und verbale Kommunikation? Welche Bedeutung haben sie für eine gesunde Erziehung?

Die nonverbale Kommunikation und die Sprache kann man auch als ein Gesprächsverhalten (Sprache und Verhalten) der Eltern gegenüber ihren Kindern zusammenfassen. Das Gesprächsverhalten beschreibt die Interaktion und Kommunikation, ohne die sich keine zwischenmenschliche Beziehung gestalten lässt. Da natürlich auch die Erziehung eine zwischenmenschliche Beziehung darstellt, erlangt das Gesprächsverhalten eine grundlegende Bedeutung. Keine Regel, kein Erziehungsrahmen, kein konsequentes Handeln, keine emotionale Zuwendung zum Kind wären ohne das Gesprächsverhalten der Eltern ihren Kindern gegenüber möglich.

Die drei Grundhaltungen

Die wesentliche Voraussetzung für eine gesunde Erziehung ist eine Grundhaltung der Eltern ihren Kindern gegenüber, die es ermöglicht, fair und wertungsfrei miteinander umzugehen. Man spricht dabei von der Empathie (einfühlendes Verstehen der

Eltern), Kongruenz (Echtheit) und Akzeptanz (bedingungsfreie Wertschätzung). Diese lassen sich zwar als Verhaltensweisen beschreiben, sind aber keine erlernbaren Verhaltensweisen oder erzieherische Techniken. Sie fordern die ganze Person und sind nur begrenzt erlernbar, müssen innerhalb eines langwierigen Prozesses von innen heraus erfahren und entwickelt werden.

Die Kongruenz ist die grundlegende und zugleich die am schwierigsten umzusetzende Grundhaltung der Eltern. Je mehr eine Mutter beispielsweise sich ihrer Gefühle bewusst ist, umso größer ist die Wahrscheinlichkeit, dass ihr Kind in konstruktiver Weise wachsen wird. Dies bedeutet, dass die Eltern offen ihre Gefühle und Einstellungen erleben. Es gibt eine Übereinstimmung zwischen dem, was emotional erlebt wird, was den Eltern bewusst ist und was sie letztlich ihrem Kind gegenüber ausdrücken.
Im Beispiel von dem Vater und seinem Sohn Dennis zeigte sich keine Übereinstimmung, da der Vater sich unsicher fühlte, aber versuchte, sich sicher und konsequent zu verhalten.
Das bedeutet nicht, dass die Eltern gegenüber ihrem Kind zu jedem Zeitpunkt ihre Gedanken, Gefühle und Bedürfnisse mitteilen. Vielmehr ist es von Bedeutung, dass sie sich ihrer inneren und äußeren Wahrnehmungen bewusst sind, sie dabei eigene Möglichkeiten, Bedürfnisse, Grenzen und Vorurteile akzeptieren und sie gegebenenfalls ihrem Kind mitteilen.

Hierzu folgendes Beispiel:
Eine Mutter, die sich bewusst ist, dass sie Vorurteile gegen Plüschtiere hat, kann es leichter akzeptieren, wenn sich ihre achtjährige Tochter einen Kuschelbären kauft.
Eine Mutter, die sich ihrem Vorurteil gegenüber Plüschtieren nicht bewusst ist, wird möglicherweise ihr Kind von dem Kauf eines Kuschelbären abhalten, obwohl ihre Tochter darüber entscheiden dürfte. So könnte es zu einem Konflikt kommen, in dem nun die Eltern die Grenze ihren Kindern gegenüber nicht wahren und überschreiten.

Die *Akzeptanz* stellt die zweite Grundhaltung dar. Unter ihr versteht man die Fähigkeit der Eltern, ihrem Kind grundlegend positiv gegenüberzutreten und es in seiner ganzen Person, ohne jegliche Vorbedingung, anzunehmen. Das umschließt die Be-

reitschaft, dem Kind zugewandt zu sein, ganz gleich, welches Gefühl gerade präsent ist – Wut, Trauer, Verwirrung ...
Das bedeutet aber nicht, dass eine Mutter oder ein Vater alle Gedanken, Gefühle und Handlungen des Kindes gutheißen muss. Vielmehr ist es wichtig, eine »leichtgläubige Haltung« einzunehmen, die es den Eltern ermöglicht, ihr Kind als Menschen zu achten und es vorurteilsfrei in seiner individuellen Erlebniswelt wahrzunehmen.

Auch hierzu ein Beispiel zur Verdeutlichung:
Die zwölfjährige Tochter Johanna kommt mürrisch von der Schule. Sie möchte aber weder mit ihrem Vater noch mit ihrer Mutter sprechen, sondern will einfach allein sein.
Ein Vater, der die Akzeptanz *nicht* lebt, könnte wie folgt reagieren: »Erzähl, was hast du, jetzt bock hier nicht so rum!«

Ein Vater, der die Akzeptanz lebt, könnte etwa so reagieren: »Ich merke, es geht dir nicht so gut, wenn du möchtest, kannst du jederzeit zu mir kommen.«

Im zweiten Beispiel konnte der Vater seine Tochter in ihrer Person annehmen und ihren persönlichen Bereich akzeptieren.

Die dritte und letzte Grundhaltung ist die *Empathie*, eine Fähigkeit, Erlebnisse und Gefühle des Kindes präzise und sensibel zu erfassen. Es ist so, als würde man in die Welt des Kindes schlüpfen, die Gefühle und die persönliche Bedeutung, die ein Kind erlebt, spüren. Wenn dies in größtmöglichem Maße gelingt, sind die Eltern so sehr innerhalb der Welt ihres Kindes, dass sie nicht nur die Bedeutungen klären können, sondern sogar jene, die sich gerade eben unter dem Bewusstseinsniveau befinden. Von besonderer Bedeutung hierbei ist, dass Eltern neben den verbalen auch die nonverbalen Symbolisierungen von Gedanken und Gefühlen berücksichtigen und die wahrgenommenen emotionalen Erlebnisinhalte in ihrer Bedeutung für ihr Kind mitteilen.
Einfühlendes Verstehen bedeutet aber auch die Fähigkeit, kritische Distanz zu wahren. Würden die Eltern in Konflikten nur »durch die Brille der Kinder sehen«, wären sie nicht in der Lage, andere Zusammenhänge zu erkennen.

Hierzu ein Beispiel:

Eine Mutter merkt, dass ihr zehnjähriger Sohn Marcus nach dem Spielen mit Freunden sehr traurig nach Hause kommt. Er erzählt ihr, dass einige Kinder sich über ihn lustig gemacht hätten, da er ein Trikot von Bayern München trage, aber die anderen seien alle Fußballfans vom HSV oder Werder Bremen. Er weint. Die Mutter könnte nun ihre Empathie wie folgt zeigen:

»Marcus, das muss ja ein blödes Gefühl sein, wenn alle einem anderen Verein angehören. Da bekommt man sicher Angst und ist traurig, wenn alle über einen lachen. Aber jetzt können wir ja mal überlegen, was du machen kannst, einverstanden?«

In diesem Beispiel zeigt die Mutter ihrem Kind, dass sie es versteht, indem sie sich in seine Lage versetzt. Marcus fühlt sich angenommen. Andererseits wahrt sie aber auch die Distanz, indem sie Marcus vorschlägt, selbst nach Lösungen zu suchen. Dabei ist sie nicht fordernd, sondern überlässt ihm die Entscheidung, ob er damit einverstanden ist.

Diese Beispiele zeigen, wie wichtig die beschriebenen Grundhaltungen sind und dass die Erziehung nicht nur aus der Aufstellung von Regeln besteht, sondern viel weit reichender ist. Erziehung bedeutet auch *Be*-ziehung, die gut gepflegt werden sollte.
Wie genau sollte das Gesprächsverhalten im Einzelnen aussehen?
Wie könnten fördernde Gesprächmuster aussehen?

Gesprächsverhalten in der Erziehung – »Wenn Kinder Probleme haben«

Das Zuhören

Auf der Basis der drei Grundhaltungen geht es nun um wichtige Bausteine des Gesprächsverhaltens, die für eine gesunde Erziehung notwendig sind. Als erster Baustein ist das »Zuhören« zu nennen. In der heutigen Wissenschaft wird dieser Punkt auch als »aktives Zuhören« beschrieben. Was bedeutet aktives Zuhören? Wir alle sind überzeugt, zuhören zu können. In der Praxis zeigt sich wiederholt, dass in alltäglichen Gesprächssituationen die Rollen zwischen Sprecher und Zuhörer fortwährend getauscht werden. Ein Kind beispielsweise erzählt ein Ereignis aus der Schule, die Eltern hören zu. An irgendeiner Stelle wird bei den Eltern ein Reizwort als eigenes Stichwort zum Selbsterzählen aufgefangen, und ungeduldig wartet man nun darauf, seinerseits erzählen zu können. Dieser Ablauf zeigt sich nicht nur zwischen Eltern und Kindern, sondern auch unter Erwachsenen. Kann man solche Verhaltensweisen als echtes Zuhören beschreiben?

Nein, diese Gespräche kann man als »Ping-Pong-Gespräche« bezeichnen, in denen Fakten ausgetauscht, Interpretationen geliefert und Ratschläge erteilt werden. »Aktives Zuhören« beinhaltet weitaus mehr. Es verlangt, dem Kind ohne Unterbrechung zuzuhören, eigene spontane Reaktionen zu kontrollieren, eine ständige Überprüfung der eigenen Aufnahmefähigkeit und das Erfassen der Problemsituation eines Kindes. Das »aktive Zuhören« ist besonders dann angebracht, wenn das Kind zu erkennen gibt, dass es ein Problem hat.

Im Alltag geraten Kinder in Situationen, die enttäuschend, frustrierend oder schmerzlich sind: Probleme mit Freunden, Eltern, Lehrern und natürlich auch mit ihrer eigenen Identität.

Die Eltern können allmählich ein Gespür dafür entwickeln, wann ein Kind Empfindungen ausdrückt, die bekunden, dass es ihm nicht gut geht. Aktives Zuhören seitens der Eltern ist angebracht und hilfreich, wenn das Kind ein Problem hat, aber unangebracht, wenn die Eltern ein Problem haben. Wenn sie beispielsweise mit der Ausdrucksweise ihres Kindes Schwierigkeiten haben, ist es für sie nicht hilfreich, dem Kind zuzuhören, da sie dieses Problem allein meistern müssen. Da käme ein klarer Erziehungsrahmen wieder in Betracht.

Ansonsten hilft das »aktive Zuhören« dem Kind, Lösungen für seine eigenen Probleme zu finden. Wie könnten solche Lösungen aussehen?

- Martin fühlt sich von seinen Schulkameraden nicht ernstgenommen
- Bianca hat Liebeskummer
- Andreas weiß nicht, ob er zur Bundeswehr gehen oder Zivildienst leisten soll

»Aktives Zuhören« ist eine gute Methode, um seinen Kindern bei der Problemlösung zu helfen, in dem die Eigenständigkeit akzeptiert und es ihnen ermöglicht wird, eigene Lösungen zu entwickeln. So wird die Effektivität der Eltern als Helfer ihrer Kinder ungemein gesteigert, aber es ist eine andere Art von Hilfe als die, die Eltern gewöhnlich zu geben versuchen. Aktives Zuhören wird paradoxerweise den Einfluss der Eltern auf ihre Kinder vergrößern, aber ein ganz anderer Einfluss, den die meisten Eltern auf ihre Kinder auszuüben versuchen. Aktives Zuhören ist eine Methode, die es Kindern ermöglicht, selbst Lösungen für ihre Probleme zu entwickeln.

Die meisten Eltern versuchen jedoch, die Probleme ihrer Kinder zu übernehmen.

Hierzu folgendes Beispiel:
Der neunjährige Peter: »Klaus geht mir seit gestern ständig aus dem Weg.«
Mutter: »Also, dann spiele doch mit Martin, der ist doch auch ganz nett!«
Peter: »Ach, Martin spielt doch auch nicht mit mir, sondern immer mit den anderen.«
Mutter: »Ach, vielleicht bist du müde und deshalb nicht so gut drauf. Morgen sieht alles anders aus.«
Peter: »Ich bin gar nicht müde.«

An dieser Stelle entsteht allmählich ein Konflikt, da die Mutter nicht wirklich zugehört hat, statt dessen eigene Interpretationen (»Du bist müde ...«) eingebaut hat. Ihr Kind fühlt sich nun nicht mehr verstanden und reagiert dem entsprechend.
Wie müsste die Mutter zuhören, damit Peter sich verstanden fühlt?
Indem sie ihn als eigenständige Person akzeptiert, ihm wertfrei Aufmerksamkeit schenkt, eigene Interpretationen kontrolliert und ihm damit die Möglichkeit gibt, eine eigene Lösung für sein Problem zu finden.

Beispiel:
Peter: »Klaus geht mir seit gestern aus dem Weg.«
Mutter: »Du bist enttäuscht von Klaus, oder?«
Peter: »Ja, er ist total gemein, ich will nie wieder mit ihm spielen.«
Mutter: »Du bist so wütend, dass du ihn nicht wiedersehen willst.«
Peter: »Ja, aber dann habe ich ja keinen mehr zum Spielen.«
Mutter: »Du möchtest ungern ohne Freund in der Schule sein.«
Peter: »Ja, ich muss ihn irgendwie behalten, als Freund.«
Mutter: »Du möchtest dich mit ihm vertragen, bist aber gleichzeitig wütend auf ihn.«

Peter: »Früher hat er mehr mit mir gemacht, jetzt bestimmt er.«
Mutter: »Klaus ist nicht mehr so leicht zu beeinflussen wie früher.«
Peter: »Ja, früher konnte ich bestimmen, jetzt will er auch mitreden, das ist doof.«
Mutter: »Du bist traurig und wütend, dass es nicht nach deinen Interessen geht.«
Peter: »Ja genau. Vielleicht kann ich ja auch mal nachgeben, ab und zu zumindest.«
Mutter: »Du meinst, es könnte dir helfen, wenn du manchmal nachgibst.«
Peter: »Ja, dann behalte ich ihn doch als Freund.«

Dieses Beispiel zeigt sehr deutlich das aktive Zuhören der Mutter, sie hält eigene Interpretationen und Ratschläge zurück, hört aktiv zu, indem sie das von ihm Gesagte noch einmal zusammenfasst und ihm seine eigenen Worte spiegelt. Dadurch werden Peter eigene Motive und Hintergründe seinerseits deutlich, er merkt selbst, dass es einen Grund für Klaus' Verhalten gibt, nämlich dass er bisher immer über ihn bestimmen wollte. Er hat selbst die Lösung erkannt, dass er auch mal nachgeben muss, um nicht die Freundschaft aufs Spiel zu setzen. Dabei hat die Mutter nicht ein einziges Mal einen Ratschlag gegeben. Diese Vorgehensweise beschreibt man als »aktives Zuhören«.

Funktioniert das »aktive Zuhören« auch bei Kindern unter drei Jahren?
Wirkt es auch bei Kleinkindern und Babys?
Diese Fragen lassen sich mit einem klaren »Ja« beantworten. Babys haben Bedürfnisse wie ältere Kinder und Erwachsene: Sie fühlen sind hungrig, müde durstig, krank, traurig und ängstlich. Gerade Babys und Kleinkindern muss man besonders gut zuhören. Aber wie? Ein hungriges Baby kann ja nicht in die Küche gehen und sich mal eben einen Joghurt aus dem Kühlschrank nehmen. Zudem ist es ihm nicht möglich, Wünsche und Gefühle über die Sprache mitzuteilen. Aber Kinder können über das Schreien mitteilen, dass zumindest etwas möglicherweise nicht stimmen könnte. Wie kommen die Eltern aber dahinter, was ein schreiendes Baby plagt?
Eltern sollten lernen, ihren Kindern genau zuzuhören. Allerdings ist es eine andere Art des Zuhörens, da sich Kleinkinder nicht verbal so äußern können, wie es dreijährige oder ältere Kinder schon tun. Die Eltern erhalten die wortlose Botschaft »Schreien« und müssen entschlüsseln, was ihr Kind gerade plagt. Wichtig ist erst einmal, dass sie das Schreien wahrnehmen und jetzt mehrere Möglichkeiten durchspielen,

was hinter dem Schreien stecken könnte. Sie könnten ihrem Kind erst die Flasche geben (Botschaft des Kindes: Hunger!) und sehen, ob es noch weiter schreit. Wenn dann das Kind noch nicht aufhört, ist es ein Zeichen dafür, dass die Botschaft noch nicht verstanden wurde. Also geht es weiter. Als Nächstes könnte man das Kind in eine Decke wickeln (Botschaft des Kindes: Mir ist kalt!). Wird das Kind jetzt ruhig, wurde die Botschaft verstanden und die Situation gut gemeistert.

Pausen ertragen

So einfach es scheint, Pausen ertragen zu können, so schwierig ist diese Fertigkeit zu realisieren.

Hiermit ist gemeint, kleinere Sprechpausen aushalten zu können, ein Gefühl der Wut oder der Trauer des Kindes zuzulassen, ohne gleich einzugreifen. Zusätzlich sollte dem Kind gleichzeitig Aufmerksamkeit entgegengebracht werden. Da wir gewohnt sind, ohne Unterbrechung zu sprechen, wirken ungewollte Pausen während eines Gespräches eher belastend, ja sogar peinlich. Die Eltern sollten aber keinesfalls ihren Kindern sofort ins Wort fallen, sondern ihnen die Gelegenheit zum Nachdenken geben. Pausen verschaffen nicht nur Stille und Ruhe, sondern ermöglichen Freiräume zum Nachdenken, Konzentrieren, Luftholen oder signalisieren auch Spannung oder Angst. Die Aufmerksamkeit der Eltern wird besonders wichtig, weil sie ihr Kind mit all seinen körperlichen und motorischen Signalen wahrnehmen sollten. In den Pausen kann das Kind wichtige Emotionen herauslassen, die zur Entlastung führen.

Beispiel:

Julia (12 Jahre): »Ich mach bei euch eh alles falsch, habe kein Bock mehr. Ich halte das alles nicht mehr aus, ihr seid echt scheiße.«

Julia sinkt in sich zusammen, beginnt heftig zu weinen.

– Pause –

Die Eltern hören ihr zu, lassen sie weinen, beugen sich zu ihr herüber, um ihr das Gefühl zu vermitteln, dass sie ihr zugewandt sind.

Julia: »Eigentlich mag ich euch ja, aber es tut so weh, wenn ich immer alles falsch mache, ich fühle mich echt verarscht.«

In diesem Beispiel haben die Eltern in der Pause nicht eingegriffen, sondern haben sie weinen lassen. Das ist sehr wichtig; durch die Pause hat Julia ihrem Gefühl der Enttäuschung mit ihrem Weinen freien Lauf lassen können. Dadurch ist ihr bewusst geworden, dass sie ihre Eltern eigentlich gar nicht hasst, sondern sich von ihnen lediglich nicht immer verstanden fühlt.

Hätten die Eltern in der Pause eingegriffen, dann hätte Julia sich wahrscheinlich unter Druck gesetzt gefühlt, und es wäre zwischen Julia und ihren Eltern zum Konflikt gekommen. Neben dem Zuhören ist das »Pausen ertragen« ein wichtiger Bestandteil des Gesprächsverhaltens.

Distanz zum Inhalt

Auf den ersten Blick löst dieser Baustein vielleicht Befremden aus.

Distanz zum Inhalt? Ist man seinem Kind gegenüber dann noch zugewandt?

Hiermit ist aber kein Desinteresse gemeint. Im Gegenteil! Stellt man sich vor, dass Eltern von der Problematik ihres Kindes selbst betroffen sind, da sie beispielsweise das gleiche Problem aus ihrer eigenen Lebensgeschichte kennen, bewahrt es sie davor, vorschnell mit Ratschlägen oder Hilfestellungen zur Seite zu stehen. Das Kind kann Probleme auf seine eigene Weise lösen, es kann auf Ressourcen zurückgreifen, über die es selbst verfügt. Es bewahrt die Eltern vor einer überschnellen Handlung, und sie behalten eine gewisse Objektivität. Distanz zum Inhalt meint keine Teilnahmslosigkeit.

Beispiel:

Der zehnjährige Peter: »Susi (seine Schwester) spuckt mich immer an. Das finde ich gemein.«

Mutter: »Du bist sauer, dass sie nicht damit aufhört.«

Peter: »Ich habe schon viel versucht, es hilft ja nicht.«

Mutter: »Du willst so nicht mit ihr spielen.«

Peter: »Ja, was soll ich nur machen, ich will lieber alleine oder mit Freunden spielen.«

Mutter: »Du willst, dass dich deine Schwester mal in Ruhe lässt.«

Peter: »Ja.«

An diesem Beispiel erkennt man schön, dass es Peter darum geht, seinen eigenen Weg ohne seine Schwester zu gehen. Das ist völlig gesund und auch wichtig. Er möchte eigene Freunde haben. Diesen hintergründigen Wunsch hätten die Eltern nie erfahren, wenn sie beispielsweise empört reagiert hätten, dass Peter seine Schwester beim Spielen nicht dabei haben möchte. Nehmen wir einmal an, dass seine Mutter selbst als Kind von ihrem Bruder beim Spielen ausgeladen wurde, dann hätte sie sich eventuell selbst betroffen gefühlt und daher Peter dahingehend zu beeinflussen gesucht, dass er sich mit seiner Schwester versöhnt. In diesem Fall hätte die Mutter die gesunde Distanz nicht gewahrt und ihren Sohn nicht ernst nehmen können. In diesem Beispiel aber hat sie völlig richtig reagiert.

Keine direkten Fragen stellen

Das angemessene Fragen in einer Problemsituation des Kindes ist eine Kunst. Grundsätzlich bekunden Fragen ein Interesse gegenüber dem Kind, es wird durch Fragen ernst genommen. Fragen im Sinne der Informationsgewinnung sind sicher wichtig und notwendig, aber direkte Fragen, die das Kind gar nicht beantworten kann, sind zu vermeiden.

Beispielsweise:

Eltern zum vierjährigen Kind: »Warum bist du jetzt so wütend?«

Eltern zum zehnjährigen Kind: »Warum kommst du nicht mit den Lehrern klar?«

Diese oder ähnliche direkten Fragen bringen die Kinder in eine fatale Situation. Einerseits machen sie keinen Sinn; wenn Kinder diese Fragen beantworten könnten, brauchten sie auch keine Unterstützung von den Eltern. Andererseits suggeriert diese Art des Fragens, es gebe nur *einen* Grund, nur *ein* Motiv für ein Problem. Problemfelder sind aber in der Realität viel vernetzter und umfangreicher. Also sind so genannte W-Fragen (Warum? Weshalb? Wieso?) nicht empfehlenswert, anders ist es bei Fragen, die der Klärung eines Sachverhaltes dienen. Solche Fragen können sogar überaus nützlich sein.

Beispiel:

Eltern zum zehnjährigen Kind: »Seit wann hast du Probleme mit deinen Lehrern?«

Diese Frage ist eine reine Informationsfrage, die für das Verständnis der Zusammenhänge eines Problems wichtig ist und dem Kind signalisiert, dass man es ernst nimmt. Diese Fragestellung übt auf das Kind auch keinen Druck aus, sondern schafft eine angenehme Atmosphäre.

Blockaden eines Gespräches vermeiden

In Gesprächen mit Kindern sind Eltern häufig geneigt, Stellungnahmen abzugeben, das Gesagte des Kindes zu kommentieren. Leider lenken solche Verhaltensweisen von dem eigentlichen Problem des Kindes ab, und die Gedanken der Eltern werden in den Vordergrund gerückt. Das Kind kommt leicht in einen Rechtfertigungszwang und sieht sich überlegenden und kritisierenden Eltern gegenüber. Das Gespräch könnte dann ungewollt in eine Diskussion übergehen. Im Rahmen einer Diskussion fühlen sich Kinder schnell analysiert, nicht ernst genommen und in eine Schublade gesteckt. Diskussionen würden vorschnell von den Gefühlen des Kindes wegführen und Inhalte rationalisieren. Eine weitere Blockade stellen auch die immer wieder gegebenen Ratschläge der Eltern ihren Kindern gegenüber dar. Es ist verständlich, dass Eltern ihre Kinder in Problemsituationen mit Ratschlägen unterstützen, ihnen zur Seite stehen wollen. Aber oftmals kommt es bei Kindern zu dem Gefühl, dass die Ratschläge gar nicht passen. Die Eltern gelangen damit in einen Teufelskreis, in dem sie immer wieder neue Ratschläge anbieten müssen. Voreilige Ratschläge erweisen sich bestenfalls als Beruhigung, erzeugen aber langfristig einen unbefriedigenden Eindruck, nämlich den, dass die Eltern sich nicht länger mit den Problemen des Kindes beschäftigen wollen. Den Kindern wird zugleich die Möglichkeit genommen, sich intensiver mit ihrer Problematik zu befassen und eigene Lösungsstrategien zu entwickeln. Kinder fühlen sich mit voreiligen Ratschlägen in ihrer Situation auch nicht ernst genommen.

Das Herunterspielen von Problemen ist eine weitere Blockade. Sätze wie »Das wird schon klappen« hinterlassen bei Kindern häufig das Gefühl der Unverstandenheit, auch wenn die Eltern vielleicht nur trösten und ermutigen wollen. Die Kommunikation wird allerdings durch solche Versuche vorzeitig beendet, weil es den Kindern schwer fällt, weiterhin ihre Gefühle in das Gespräch einzubringen.

Gesprächsverhalten in der Erziehung – »Wenn Eltern Probleme haben«

Es gibt im Erziehungsalltag viele Situationen, in denen Eltern ein inneres Gefühl von Ärger, Frustration oder Enttäuschung haben. Sie bemerken, dass sie sich angespannt und ungut fühlen. Vielleicht missbilligen sie gerade ein Verhalten ihres Kindes.

Beispiele:

- Das Kind lässt ein Spielzeug im Wohnzimmer liegen.
- Das Kind ist kurz davor, Saft auf den Tisch auszuschütten.
- Das Kind stört sie beim Telefonieren.
- Das Kind erledigt nicht die ihm übertragenden Aufgaben.
- Das Kind kümmert sich nicht um seine Haustiere.

All diese Verhaltensweisen beeinträchtigen die Bedürfnisse und Abläufe der Eltern in einer Situation, die ohnehin schon belastet ist.

»Ich-Botschaften« senden

Ich-Botschaften haben einen positiven Einfluss auf die Kinder, sie sind viel weniger geeignet, Widerstand und Provokation zu erzeugen. Es ist weitaus weniger bedrohlich, einem Kind aufrichtig die Wirkung seines Verhaltens auf Sie zu übermitteln, als anzudeuten, dass irgendetwas an ihm »böse« sei, weil es sich diesem Verhalten hingibt.

Eine Mutter könnte auf das Beispiel mit dem beinah ausgekippten Saft auf zweierlei Weisen reagieren:
»Du bist ein sehr unartiger Junge, untersteh dich!«
»Hey, ich mag nicht, wenn man Saft auskippt!«

Im ersten Beispielsatz wertet die Mutter ihr Kind in seiner Person ab, im zweiten Antwortsatz spricht die Mutter von *sich*, von ihrem Gefühl und überlässt dem Kind die Verantwortung für die Modifizierung seines Verhaltens. Würde das Kind sein Verhalten nicht modifizieren, sollte die Mutter zur Erhaltung des Erziehungsrahmens dieses Verhalten nicht weiter zulassen, sondern die Regel »Ich will nicht, dass Saft in meinen Räumen ausgekippt wird« in eine Handlung umsetzen.

Eine solche Handlung könnte wie folgt aussehen:
Die Mutter spricht einmal den Satz: »Ich möchte nicht, dass du den Saft in meinen Räumen auskippst!« Sollte das Kind das Verhalten nicht ändern, dann könnte sie ihr Kind aus dem Raum führen, den Saft aus der Reichweite des Kindes bringen, sodass es nicht mehr die Möglichkeit hat, ihn auszukippen.
Diese Handlung erinnert stark an den Erziehungsrahmen, in denen Regeln, nachdem sie in dieser Form angesprochen, in eine klare Handlung umgesetzt werden.

Die wichtigsten Kommunikationsverhaltensweisen im Überblick:

Aktives Zuhören:

- dem Kind zeigen, dass man es annimmt und versteht;

Distanz zum Inhalt:

- nicht wütend reagieren, wenn eigene Gefühle angesprochen werden, beispielsweise bei Provokationen des Kindes;

Echtheit:

- Dinge dem Kind gegenüber klar und ehrlich ansprechen;

Nicht werten:

- Gefühle des Kindes nicht abwerten, sondern akzeptieren.

Affekthandlungen der Eltern

Wer kennt nicht das Gefühl, schon vieles über die Erziehung zu wissen, es aber nicht in die Praxis umsetzen zu können? Die Umsetzung dieser Regeln hängt nicht nur von dem Wissen ab, sondern auch von der eigenen Verfassung. Ist die eigene Verfassung ungünstig konstelliert, läuft man leicht Gefahr, in Konfliktsituationen unangemessen zu reagieren. Man spricht dann von »Affekthandlungen«.
Das Empfinden der Machtkämpfe der Kinder als eine Provokation hindert viele Eltern an einer gelassenen Umsetzung der Regeln. Viele Mütter fragen sich immer wieder, warum es ihnen nicht gelingt, bei Grenzüberschreitungen ruhig zu agieren. Die eigene Biografie ist dabei von Bedeutung.

Beispiel:

Man stelle sich eine Mutter vor, die in ihrer Kindheit nie Gefühle zeigen durfte; Weinen und Schreien wurden strikt verurteilt und mit emotionaler Distanz bestraft. Diese Mutter empfindet heute die Wutanfälle ihres Kindes als etwas rein Negatives. Also wird sie sich bei der Wut ihres Kindes nicht gut fühlen, sie wird sie kaum ertragen können. Demzufolge wird sie bemüht sein, das Schreien so schnell wie möglich zu beenden, notfalls, indem sie selbst schreit oder das Kind schlägt.

Diese Zusammenhänge sind den betreffenden Personen meist nicht bewusst. Sie reagieren lediglich aus dem Affekt heraus und fragen sich anschließend: Warum???
Es gibt etliche Ursachen, die zu einer Affekthandlung führen. Meistens liegen sie in der eigenen Lebensgeschichte.

Was hindert Eltern an der Umsetzung ihrer Regeln – eigene Konflikte?

Hoher Anspruch der Eltern als innerer Konflikt

Eltern, die in ihrer Lebensgeschichte immer wieder vermittelt bekommen haben, dass alles perfekt zu erledigen sei, dass man keine Fehler machen solle, entwickeln ein inneres Selbstbild, das besagt:
»Mache immer alles richtig, Fehler sind nicht O.K.!«

Dieser hohe Anspruch zeigt sich dann auch in der Erziehung. Wenn beispielsweise Kinder versuchen, die Grenzen zu überschreiten, wird dies als gefährlich erlebt, da das innere Selbstbild besagt, dass keine Komplikationen, Probleme oder Fehler auftreten dürfen, sondern alles perfekt laufen müsse. Eltern mit einem solchen Selbstbild werden im Affekt reagieren und sehr wütend auf solche Grenzüberschreitungen werden, sich von ihren Kinder geradezu angegriffen fühlen. Sie sind dann nicht mehr in der Lage, in Ruhe zu agieren.

Schuldgefühle der Eltern im Sinne eines negativen Selbstbildes

Wer kennt nicht das Gefühl:
»Soll ich meinem Kind gegenüber wirklich so streng sein?«
Schuldgefühle haben meistens zur Folge, dass man sämtliche Erziehungsmaßnahmen hinterfragt, sich ständig vor den Kindern rechtfertigt. Eltern, denen in ihrer Entwicklung eigene Wünsche und Gedanken nicht gewährt wurden, fühlen sich in vielen Handlungen verunsichert. Ein Vater, dessen eigene Meinung von seinen Eltern nicht akzeptiert und dem immer gesagt wurde, was er denken und fühlen solle, wird als erziehender Vater Schwierigkeiten bekommen, eine Regel gegenüber seinen Kindern durchzusetzen. Er wird sich in einer konkreten Erziehungssituation immer wieder hinterfragen, unsicher sein und sich, wenn er einmal konsequent handelt, schlecht fühlen, obwohl er vom Verstand her weiß, dass seine Entscheidung richtig ist. Schuldgefühle entstehen im Laufe der Entwicklung und verhindern eine konsequente Erziehung.

Gewalterfahrungen der Eltern in ihrer Kindheit und im Jugendalter

Nicht selten gibt es Eltern, die als Kind Gewalt erlebt haben. Hierzu zählt die psychische Gewalt, durch die ihre eigene Person abgewertet wurde. Diese Eltern haben in ihrer Kindheit häufig Beschimpfungen erlebt, wurden verurteilt und haben Liebesentzug als Strafe erfahren. Andere haben auch körperliche Gewalterfahrungen erlebt, wurden körperlich misshandelt oder sexuell missbraucht. Diese Erfahrungen spiegeln sich häufig im Verhalten der Erwachsenen wider. Eltern mit Gewalterfahrungen haben selten gelernt, was es heißt, einem Menschen Liebe zu zeigen und zu geben.

Im Umgang mit ihren Kindern fällt es ihnen besonders schwer, ihnen bei der Umsetzung der Regeln emotional zugewandt zu bleiben. Oftmals zeigt sich in der Praxis, dass diese Eltern Schwierigkeiten haben, überhaupt Nähe zu ihrem Kind aufzubauen. Ein weinendes Kind wird eher als anstrengend erlebt, und die Reaktion auf das Weinen wirkt sehr autoritär; nicht, weil die Eltern einen schlechten Charakter hätten, sondern weil das Weinen ihres Kindes an Gefühle rührt, die in ihrer eigenen Kindheit »niedergeschlagen« wurden. Daher agieren sie bei Wut oder Trauer ihrer Kinder im Affekt, in dem sie beispielsweise emotional erstarren und nicht in der Lage sind, sich ihren Kindern gegenüber konsequent und gleichzeitig emotional zugewandt zu geben. Unter Umständen sind sie geneigt, ihren Kindern einen »Klaps auf den Po« zu geben. Wenn man selbst als Kind durch Schläge abgewertet wurde, fühlt man sich wesentlich leichter provoziert. Viele Reaktionen der Kinder werden eingestuft als: *»Mein Kind will mich fertig machen.«* Das Verhalten des Kindes wird aufgrund eines mangelnden Selbstwertgefühls immer wieder auf sich selbst bezogen. In Konfliktsituationen führt dies dazu, dass die Eltern sich nicht mehr ruhig geben können, sondern sich im Affekt durch Schläge zu »wehren« versuchen. Das Grenzenaustesten der Kinder wird nicht mehr als altersgerecht erlebt, sondern als böser Angriff auf die eigene Person.

Ängste der Eltern während der Schwangerschaft

Manchmal geht es bei Komplikationen in der Schwangerschaft um Leben und Tod des Kindes. In solchen Fällen entwickelt sich eine sehr enge Mutter-Kind-Bindung. Sie ist gekennzeichnet durch Verlustängste seitens der Mutter. Ist dann ihr Kind zur Welt gekommen, entwickelt die Mutter leicht ein übersteigertes Verlangen, es vor allem zu behüten und zu bewahren. Eigene Bestrebungen des Kindes lösen bei diesen Eltern Ängste aus, sie könnten ihr Kind verlieren. Ein solches Verhalten führt dann dazu, dass sie ihr Kind nicht loslassen können und ihm wenig zutrauen. Auch wenn es ihnen bewusst ist, dass Kinder ihren eigenen Bereich brauchen, wird dieser im Affekt kaum zugelassen, sondern es wird versucht, für alles bis ins kleinste Detail die Verantwortung in der Hand zu behalten. Diese Eltern wecken ihre Kinder auch noch im Alter von zwölf Jahren, sie fahren sie regelmäßig zur Schule, auch wenn sie eigentlich schon mit dem Bus oder Fahrrad fahren könnten, sie schmieren ihrem fünfzehnjährigen Kind immer noch das Schulbrot.

Dies sind Beispiele aus der Praxis, in denen sich zeigt, wie eine Erfahrung während der Schwangerschaft die spätere Erziehung beeinflussen kann.

Posttraumatische Erfahrungen der Eltern und Kinder

Unter posttraumatischen Erfahrungen versteht man eine verzögerte Reaktion auf ein Ereignis oder auf eine Situation. Hierzu gehört eine durch Naturereignisse oder von Menschen verursachte Katastrophe, beispielsweise ein Hausbrand, aus dem die Eltern und ihre Kinder knapp dem Tode entronnen sind. Die Eltern sind nun übermäßig bemüht, immer Sorge für ihre Kinder zu tragen und sie wohl zu behüten. Diese übermäßige Sorge geht dann auf Kosten einer konsequenten Erziehung. Klare Regeln werden kaum in die Tat umgesetzt, aus der irrationalen Angst heraus, dem Kind zu schaden.

Es gibt eine ganze Reihe solcher Belastungsreaktionen (Tod eines Familienmitgliedes, Vergewaltigung ...), die sich deutlich auf das Erziehungsverhalten auswirken können. Beispiele dieser Art zeigen, wie sehr eigene biografische Anteile der Eltern für eine Affekthandlung verantwortlich sind. Dieser Zusammenhang ist den meisten Eltern jedoch nicht bewusst.

Viele beschreiben eine solche Situation wie folgt:

»Nun war ich schon in einer Erziehungsberatungsstelle und habe viel über Erziehung erfahren. Ich finde alles auch völlig logisch und nachvollziehbar. Die Beratung hat mir neue Wege eröffnet und ich sehe viel klarer.

Nun habe ich gute Handlungsmöglichkeiten, aber ein ganz großes Problem bleibt: Ich kann diese Regeln nicht immer umsetzen. Wie soll ich nur ruhig bleiben, wenn mein Kind immer wieder seine Sachen im Wohnzimmer liegen lässt? Ich habe das Gefühl, es macht es extra, um mich zu provozieren. Das macht mich dann so wütend, dass ich anfange zu schreien und gar nicht mehr konsequent handeln kann. Das geht manchmal so weit, dass mir die Hand ausrutscht.«

Biografische Anteile können auch in subtiler Weise wirksam sein.

Stellen Sie sich die folgende Situation vor:

Ein Vater, der liebend gerne Fußball gespielt hat, könnte in der Beziehung zu seinem Kind eine ungewollte Grenzüberschreitung begehen, indem er seinen Sohn dahingehend zu manipulieren sucht, dass er in einem Fußballverein spielt. Vielleicht würde der Sohn lieber Basketball spielen. Das Kind wird nicht mehr gefragt, ihm wird nicht wertfrei die Wahl gelassen, was es eigentlich in seiner Freizeit unternehmen will, sondern es wird als eine Selbstverständlichkeit gesehen, dass es Fußball spielt. In Wirklichkeit ist es lediglich der Wunsch des *Vaters*.
Obwohl er von der Theorie her weiß, dass man seinen Kindern den Freiraum der Freizeitgestaltung lassen sollte, verfällt er wieder seinen unbewussten Wünschen und überschreitet damit die Grenze, die das Kind für seine Selbstentfaltung gewahrt wissen muss.
Nun könnte man vermuten, dass alle Eltern eine Psychotherapie brauchten? Nein, so schlimm ist es sicherlich nicht. Alle Menschen haben durch ihre eigene Entwicklung innere Bilder und Selbstbilder geschaffen, die solche unkontrollierbaren Reaktionen hervorrufen. Entscheidend ist dabei nicht, diese inneren Anteile zu beseitigen, sondern sich ihrer *bewusst* zu werden.

So gibt es eine Reihe von Beispielen, in denen die Umsetzung klarer und sinnvoller Regeln durch eigene Konflikte erschwert wird. Kennt man seine ganz persönlichen Anteile und wird sich ihrer bewusst, kann man Affekthandlungen verhindern. Die Bewusstwerdung solcher Prozesse ist entscheidend für die Fähigkeit, erzieherische Erkenntnisse erfolgreich in die Praxis umsetzen zu können. Die eigenen biografischen Punkte sind nicht Zeichen einer Erkrankung; alle Menschen tragen persönliche Anteile und Konflikte in sich.

In der folgenden Tabelle sind Beispiele von Erziehungssituationen, biografischen Konflikten der Eltern und Lösungsansätze zusammengestellt.

Beispiele: Eigene Konflikte der Eltern als Ursache von Affekthandlungen und mögliche Lösungen im Erziehungsalltag

Situation	Bewusstwerdung möglicher innerer Konflikte der Eltern	Angemessene Reaktion der Eltern
Ein fünfjähriges Kind will nicht aufräumen. Es beginnt zu schreien, beschimpft die Eltern aufs Übelste. Ihr Kind ist sehr wütend.	*Möglicher innerer Konflikt:* Wut wurde bei den eigenen Eltern als negativ erlebt, Wut verunsichert sie. Sie wissen jetzt aber, dass die Wut wichtig und notwendig und nicht gefährlich ist.	Da ihnen dieser innerer Konflikt bewusst ist, können sie die Wut ihres Kindes akzeptieren. »Es ist O.K., wenn du jetzt wütend bist, du darfst sauer sein, aber aufgeräumt muss trotzdem werden.«
Ein Kind möchte nicht weiter Klavier spielen und sagt zu seinen Eltern: »Ich möchte mit dem Klavierunterricht aufhören.«	*Möglicher innerer Konflikt:* Die Eltern haben in ihrer Kindheit vermittelt bekommen, dass das Klavierspielen wichtig ist. Sie sind deshalb stark verunsichert. Jetzt wissen sie aber, dass es ihr eigener Konflikt ist und ihr Kind selbst bestimmen kann, was es in der Freizeit macht.	Die Eltern sagen zu ihrem Kind: »Schade. Aber ich kann dich verstehen, wenn du keine Lust mehr hast. Mach in deiner Freizeit das, was dir Spaß macht. Allerdings solltest du noch so lange weiterspielen, bis wir den Vertrag kündigen können, so haben wir es ja auch vereinbart. Wir haben dich sehr lieb.«
Die zwölfjährige Tochter kommt von der Schule nach Hause und möchte nicht mit den Eltern reden, sondern lieber allein sein. Es geht ihr sichtbar schlecht. Sie wirkt sehr gereizt.	*Möglicher innerer Konflikt:* Die Eltern können mit ihrer Traurigkeit nur sehr schwer umgehen. Sie haben in ihrer Kindheit gelernt, dass man Konflikte sofort klären müsse. Jetzt wissen sie, dass Konflikte auch mal bestehen bleiben dürfen und ihr Kind das Recht hat, Traurigkeit mit sich selbst auszumachen.	Eltern begrüßen ihre Tochter: »Hallo, ich glaube, dir geht es heute nicht so gut. Ist O.K., wenn du jetzt lieber allein sein möchtest. Du kannst gerne jederzeit zu uns kommen, wenn du reden möchtest, wir haben dich sehr lieb.«
Ein zehnjähriger Junge lügt seine Eltern an, indem er verheimlicht, dass er in Mathematik eine Fünf geschrieben hat. Als die Eltern nachfragen, berichtet er, dass er die Arbeit noch gar nicht zurückbekommen habe.	*Möglicher innerer Konflikt:* Die Eltern haben Lügen als etwas sehr Unanständiges erlebt, sie wurden in ihrer Kindheit dafür hart bestraft. Sie haben das Gefühl, es sofort unterbinden zu müssen, und entwickeln eine große Wut auf ihr Kind. Jetzt wissen sie aber, dass die Lüge ihres Kindes sicher nicht schön ist, aber die Wahrheit nicht erzwungen werden kann, sondern eine Frage des Vertrauens ist, das aufgebaut werden sollte.	Reaktion der Eltern: »Deine Lehrerin hat eben angerufen, dass du in Mathematik eine Fünf geschrieben hast. Du hast es uns gar nicht gesagt, das finden wir schade. Aber du wirst sicher deine Gründe dafür haben, vielleicht sind wir zu streng, sodass du Angst hast, wir würden dich dafür bestrafen. Das tun wir nicht, wir würden uns nur freuen, wenn du dich traust, es uns in Zukunft zu erzählen. Wir haben dich sehr lieb.«

Die Bewusstwerdung innerer Konflikte führt zu einer ruhigen und angenehmen Kommunikation.

Unbewusste Prozesse zwischen Eltern und Kindern

In der Praxis wird man immer wieder mit folgenden Fragen konfrontiert:

- Was mache ich, wenn mein Mann und ich uns ständig streiten?
- Mein Mann erzieht ganz anders als ich, ist es für die Kinder gut?
- Mein Ex-Mann trägt alle Konflikte mit mir über unsere Kinder aus. Wie gehe ich damit um?
- Mein Mann schlägt mich und die Kinder. Ich weiß nicht mehr weiter.

Dieser kleine Ausschnitt an Fragen zeigt, welche Bedeutung einer Partnerschaft oder der Beziehung der Eltern untereinander zukommt. Auch das Verhältnis von schon getrennten Partnern ist für die Reifung des Kindes wichtig.

Auswirkung unbewusster Prozesse auf die Erziehung

In diesem Abschnitt soll ein Aspekt der Eltern-Kind-Beziehung beleuchtet werden, der sowohl den Eltern als auch den Kindern weitgehend unbewusst bleibt. Die entscheidenden Einflüsse der Eltern erfolgen nicht nur durch absichtlich gesprochene Worte und bewusst eingenommene Haltungen, als vielmehr über ein existenzielles Kraftfeld zwischen Eltern und Kindern, das von dem unabsichtlichen Verhalten der Eltern in allen 24 Stunden des Tages geprägt wird.

Man hat beispielsweise untersucht, dass Säuglinge, die nach wenigen Monaten ihrer Mutter entzogen werden und in ein unpersönliches, hygienisch einwandfreies Kinderheim versetzt werden, nach einiger Zeit schwer erkranken und in eine Lethargie verfallen, die mit dem Tode enden kann. Kommen diese Kinder vor Entritt der kritischen Phase zu ihrer Mutter zurück, verschwinden die Störungen wieder.

Von diesen schweren Fällen reicht bei fließenden Übergängen die Reihe der gefährlichen Situationen über die weniger massiv fehlende Mutter, die berufstätige, tagsüber viel außer Haus weilende Mutter, die distanzierte oder gefühlskalte Mutter bis zum objektiv genügenden Mutter-Kind-Verhältnis, das aber diesem bestimmten Kind subjektiv nicht genügt, weil es aus irgendeinem Grund ein besonders großes Zärtlichkeitsbedürfnis besitzt.

Entscheidend ist nicht die Anzahl der Stunden, die Eltern mit ihren Kindern verbringen, als vielmehr die Qualität dieser Kontakte.

Unter Qualität versteht man:

- aufmerksame Zuwendung
- Blickkontakt mit dem Kind halten
- sein Kind mal anlächeln
- zärtliche Worte und Gesten
- sich mit dem Kind durch »Spielen« beschäftigen

Wird das für die Kinder nötige Maß an emotionaler Wärme nicht erfüllt, entsteht ein Gefühl des Verlassenseins. Im Erwachsenenalter zeigt es sich oftmals in einer unverständlichen Angst vor dem Alleinsein und dem Verlassenwerden. Aber auch ein unnatürliches Übermaß an Verwöhnung der Kinder kann zu demselben Ergebnis führen, da dadurch die Kinder meist sehr unselbstständig werden. Bei anstehenden Problemen zeigen sie sich dann sehr ängstlich, weichen Konflikten mit gleichaltrigen Kindern aus.

Das Gefühl der Verlassenheit verursacht nicht nur seelische Störungen, sondern auch körperliche. Chronisch erkältete Kinder beispielsweise haben oftmals affektarme Eltern, die ihnen zu wenig Zärtlichkeit geben.

In diesem Zusammenhang kommt insbesondere auch der Beziehung der Eltern untereinander eine große Bedeutung zu.

Bei einer guten Beziehung (das kann auch bei einer Trennung der Eltern der Fall sein, wenn sie danach fair miteinander umgehen) wirkt die Harmonie im Sinne der Geborgenheit, des Glücksgefühls, der Lebensbejahung. Mittelbar bewirkt sie bei dem Vater und bei der Mutter eine größere Liebesfähigkeit, Ausgeglichenheit und Heiterkeit, die den Kindern zugute kommen.

Ist das Verhältnis hingegen andauernd gespannt, fallen diese positiven Einflüsse aus. Die Kinder spüren die Spannungen, von denen sie ständig umgeben sind, und leben in ständiger Angst, die wiederum Krankheiten zur Folge haben kann.

Bei vor dem Kind ausgetragenen Ehekonflikten ergibt sich ein weiteres Problem: Im Kampf der Eltern muss das Kind irgendwie Stellung beziehen, oftmals wird es von

beiden Eltern umworben, jeder versucht, das Kind auf seine Seite zu ziehen. Eine solche Parteinahme wirkt sich natürlich sehr ungünstig aus. Nicht selten sieht man Kinder, die mit bewundernswerter Objektivität zwischen den Eltern stehen und beiden erklären, was sie falsch machen. Solche Kinder können geradezu die Rolle eines Eheberaters übernehmen und ernste Konflikte überwinden helfen.
Aber ist so ein Verhalten gut für ein Kind???
Diese überlegene Stellungnahme bedeutet für die Kinder oft eine Überforderung; ihre Eltern stellen keinen Schutz mehr dar, sondern ein Risiko, ähnlich wie eine wacklige Brücke. Zusätzlich entwickeln sie Schuldgefühle. Wenn sie über ihren Vater positiv sprechen, entwickeln sie gleichzeitig Ängste, dass sie ihre Mutter enttäuschen. Diese inneren Konflikte stellen sich für Kinder sehr belastend dar. Das ganz normale Kindsein kann nicht richtig ausgelebt werden.

Das ist aber nur ein Phänomen unbewusster Prozesse zwischen den Eltern und ihren Kindern. Konzentriert man sich einmal auf die Eltern: Was suchen sie eigentlich in ihrem Kind? Wie sind die unbewussten Fantasien beschaffen, die auf das Kind übertragen werden? Wenn dann die Beziehung zum Partner nicht intakt ist, werden Idealbilder des Partners auf das Kind projiziert; das Kind wird als »Ersatz« des Partners gesehen. In ähnlicher Weise kann auch das Bild des eigenen Vaters oder der eigenen Mutter, des Bruders oder der Schwester auf das Kind projiziert werden. Damit kommt eine ehrliche Beziehung zum Kind nicht zustande.

Schwerwiegender ist die Identifikation des Kindes mit dem fehlenden Partner oder auch seine Erklärung zum idealen Ehegatten, den man dem wirklichen gegenüberstellt. Jeder kennt diese Gedanken: »Wenn meine Frau doch nur ein paar Eigenschaften meines Sohnes hätte!« Oder der Vater vergleicht seine Frau mit seiner Tochter und beginnt diese zu umschwärmen. Oder aber man sieht in dem Kind die verhassten Eigenschaften der Schwiegermutter und behandelt es entsprechend.
Auch kann das Kind für den Vater oder die Mutter eine Art Ersatz für einen Aspekt des eigenen Selbst werden. Man erkennt sich selbst im Kind und verdeckt dadurch dessen wahre Person. Kaum beginnt das Kind beispielsweise etwas zu erzählen, wird es unterbrochen mit einem Satz wie: »Das kenne ich gut, das habe ich selber durchgemacht.«

Andererseits kann man auch ein unerreichtes Idealbild auf sein Kind projizieren, beispielsweise muss das Kind studieren, weil man es selbst immer wollte und nie gemacht hat. Auch kann man seinen Schatten auf das Kind projizieren, es wird dann zu einem Sündenbock.
Schwer zu kontrollieren sind in diesem Zusammenhang auch Gefühle der Abneigung und Wut gegenüber seinem Kind. Es kann beispielsweise Wut auf den Partner sein. Gelegentlich tritt diese bei körperlich oder seelisch überforderten Müttern oder Vätern auf, die nur noch den unbewussten Wunsch »Fort mit dem Kind« verspüren.

Diese wenigen Beispiele zeigen, wie die Familie ein – manchmal mehr oder weniger fragwürdiges – System bildet. Um solche gefährlichen Projektionen zu verhindern, sollten sich alle Eltern erst einmal der unbewussten Abläufe bewusst werden. Ein gutes Verhältnis der Eltern, ob in Trennung lebend oder nicht, würde schon viel zur Verhütung solcher Konflikte beitragen. Bei Verhaltensauffälligkeiten ist das Problem nicht nur beim Kind zu sehen, sondern es entsteht aus der Interaktion zwischen den Eltern und ihren Kindern; hierunter fallen auch die unbewussten Prozesse.

Eine Übersicht gibt die nachfolgende Tabelle:

Zusammenfassung gefährlicher unbewusster Projektionen:

Projektion der Eltern	Wie zeigt sich diese?	Alternativverhalten
Spannungen der Eltern untereinander – Parteinahme	Gibt es Spannungen zwischen Eltern, wird nicht selten versucht, das Kind auf seine Seite zu bekommen, um darüber den anderen Partner zu verletzen. Hintergrund sind eigene Gefühle von Enttäuschung und Verzweiflung. Das Kind entwickelt dabei Schuldgefühle.	1. Schritt: Bewusstwerdung des inneren Konfliktes der Parteinahme. 2.Schritt: Konflikte mit dem Partner dürfen nie über das Kind ausgetragen werden. 3.Schritt: Konflikte direkt mit dem Partner ausleben.
Projektion von Idealbildern	Manche Eltern sehen in ihren Kindern ihre eigene Mutter, ihren eigenen Vater, Bruder oder ihre Großmutter wieder. Sie beginnen ihre Kinder an diesen Personen zu messen, wünschen sich von ihnen ähnliche Eigenschaften und Verhaltensweisen, ohne es selbst zu merken. Z.B.: »Mein Kind muss mehr aus sich herauskommen.«	1. Schritt Bewusstwerdung des inneren Konfliktes der Projektion von Idealbildern 2.Schritt: Dem Kind keine gewünschten Verhaltensweisen aufdrängen, sondern sich freuen, wenn es anders ist.
Kind als Ersatz des eigenen Selbst	Wer kennt nicht diese Situation? Man wollte immer studieren, aber das Studium blieb einem verwehrt. Nun drängt man die Kinder zum Studium. »Die sollen es mal besser haben.« Dahinter steckt der eigene Wunsch zu studieren. Den Kindern gesteht man so keine eigene Entscheidung mehr zu; kann zu ernsten Konflikten führen.	1. Schritt: Bewusstwerdung des inneren Konfliktes 2.Schritt: Das Kind muss selber entscheiden dürfen, was es studiert und ob es studieren möchte. Sich seiner unbewussten Wünsche immer bewusst werden.

Die Bewusstwerdung eigener Projektionen ist sehr wichtig, um das Kind nicht in ernste Probleme zu bringen und seinen eigenen Freiraum zu gefährden.

Natürliche Ereignisse, die eine Erziehung auf die Probe stellen

Im Laufe eines Lebens gibt es immer wieder Ereignisse, die sich erschwerend auf die Erziehung auswirken können.

- Wie reagiere ich bei dem Tod des Partners und Vater meiner Kinder?
- Was muss ich bei der Trennung von meinem Partner beachten?
- Mein Kind ist krank, muss ich es in der Erziehung schonen?
- Meine Eltern reden mir in meine Erziehung ständig rein. Was mache ich bloß?
- Ich lebe mit einem neuen Partner, darf dieser auch erziehen?

Diese Auswahl an Fragen zeigt, welche Ereignisse auftreten können, die viele Eltern ratlos oder sogar verzweifelt machen. Im folgenden Abschnitt soll Stellung zu diesen Fragen genommen werden.

Tod eines nahen Familienangehörigen (Vater, Onkel ...)

Nicht selten gibt es Situationen, in denen der Partner und Vater des Kindes unerwartet stirbt. Fehlt nun dem Kind die Vaterfigur? Sicher ist so ein Todesfall erst einmal ein Schock für alle Angehörigen. Das Kind entwickelt oftmals Ängste, sichert sich ab, dass nicht auch seine Mutter von ihm geht. Manchmal ist es so, als würde es die Mutter nicht mehr loslassen wollen, es hat das Bedürfnis, ständig bei ihr zu sein, sogar wieder in ihrem Bett zu schlafen. Es sind in erster Linie ganz normale und gesunde Reaktionen.

Auf der anderen Seite wird es auch die Mutter mit einem Todesfall nicht leicht haben, sie steht unter dem Druck, eigentlich trauern und den schmerzlichen Verlust verarbeiten zu müssen, andererseits möchte sie ihrem Kind Kraft geben. Diese zwiespältige Situation führt dazu, dass viele Mütter ihre eigenen Emotionen unterdrücken. Dabei kommen sie schon in den ersten Konflikt. Die Kinder merken diese Ambivalenz und reagieren mit großer Verunsicherung.

Die kleine Übersicht zeigt Beispiele, wie die Reaktionen der Mutter beim Tod ihres Partners auf das Kind übertragen werden können:

Mutter (Gefühle, Emotionen)	Mögliche Kind-Reaktion
Die Mutter weint über den Verlust	Kind weint auch
Die Mutter redet nicht über den Tod	Kind reagiert verunsichert, provoziert
Die Mutter zieht sich zurück, wird still	Kind entwickelt Schuldgefühle

Wie können Eltern nun reagieren?

Zuerst ist es von entscheidender Bedeutung, dass die Eltern zu ihren Gefühlen und denen ihrer Kinder stehen; sie lassen ihre eigenen Gefühle zu, sie dürfen auch vor ihren Kindern weinen, wenn der Schmerz gerade sehr groß ist. Für die Kinder ist diese Erfahrung wichtig, denn sie erleben dann ihre Eltern als echt, das macht sie sicherer, auch wenn sie manchmal mitweinen, das ist aber ganz gesund. Ebenso wichtig ist es, dass die Eltern auch die Gefühle ihrer Kinder zulassen, die Kinder dürfen weinen, wütend sein, dass ihr Papa nicht mehr da ist. Manchmal entwickeln sie sogar eine Wut gegen den überlebenden Elternteil, aber auch das ist ganz normal. Es ist kein Angriff gegen die Eltern, sondern dient der Verarbeitung – ein lebensnotwendiger Vorgang.

Auf die Frage »Fehlt dem Kind nun eine Vaterfigur?« beim Tod des Vaters kann man klar antworten: Nein. Bei Kindern bleibt das Vaterbild ein Leben lang erhalten, an dem sie sich bis ins Erwachsenenalter orientieren. Der eigene Vater dient als so genanntes Vorbild, deshalb erleiden die Kinder auch keinen Schaden. Selbst bei Kindern, die ihren Vater nie kennen gelernt haben, muss kein Schaden entstehen. Diese Kinder suchen sich neue Vaterfiguren: männliche Vorbilder, an denen sie sich in Zukunft orientieren. Das kann ein Rockstar oder auch ein prominenter Sportler sein. Die eigentlich nicht greifbaren Personen sichern als Vaterfiguren die Entwicklung der Kinder ab. Als Vaterfiguren dienen jedoch auch Personen aus dem näheren Umfeld: Lehrer, Verwandte, Bekannte oder ein neuer Freund der Mutter, um nur einige Beispiele zu nennen.

Wie erzieht man nun Kinder, die ihren Vater oder ihre Mutter verloren haben, darf man da eigentlich noch konsequent sein?

Die Antwort lautet: Ja. Natürlich sollte man den Kindern immer signalisieren, dass man zur Verfügung steht, wenn sie über den Verlust ihres Vaters oder ihrer Mutter sprechen möchten. Aber man sollte auch dringend darauf achten, sie ganz normal und konsequent zu erziehen und ihnen dabei emotional zugewandt zu bleiben. Es wäre nicht gut, nachlässig zu werden oder den Kindern das Gefühl zu geben, mit ihnen stimme etwas nicht. Für diese Kinder gelten alle üblichen Erziehungsregeln.

Trennung der Eltern

Ein weitaus öfter verbreitetes Ereignis unserer Zeit ist die Trennung der Eltern. Leider verläuft eine Trennung nicht immer friedlich; viele Paare tragen ihre persönlichen Konflikte über ihre Kinder aus. Das ist sicher die größte Gefahr für die Kinder.

Grundsätzlich bedeutet eine Trennung der Eltern nichts Negatives, kann sogar besser für die seelische Reifung der Kinder sein; wenn sich ihre Eltern sonst immer gezankt und gestritten haben, dann bedeutet die Trennung oft eine Entlastung. Was aber, wenn die Eltern nach der Trennung »Kriege« führen? Was bedeutet das für das Kind?

Viele kennen diese Sätze nach einer Trennung: »Ich werde mein Kind bekommen, notfalls über das Gericht ... Ich werde dir den Kontakt mit dem Kind auf immer verbieten.«

Diese Verhaltensweisen stellen eine echte Gefahr für die kindliche Entwicklung dar. Die Eltern benutzen in diesem Falle ihr Kind, um den anderen zu verletzen. An das Kind wird dabei nicht gedacht, es wird nicht gefragt, wo es leben möchte.

Was passiert mit dem Kind solcher Eltern?

Es entwickelt sehr schnell Schuldgefühle, es bekommt Angst, positive Gefühle zum Vater zuzulassen, da es seine Mutter nicht enttäuschen möchte, und umgekehrt. Diese inneren Konflikte können sogar zu einer depressiven Erkrankung des Kindes führen. Eltern sollten immer bemüht sein, ihre Konflikte untereinander auf einer anderen Ebene auszutragen und dem Kind immer das Gefühl zu geben, positiv über den jeweils anderen Partner denken zu dürfen. Eltern sollten sich darüber freuen, wenn das Kind glücklich über den anderen Elternteil erzählt. Solche Anteilnahme würde das Kind sehr entlasten.

Eine Ausnahme liegt nur dann vor, wenn ein Elternteil sehr gewalttätig war und ist. Dann sollte man eher dafür sorgen, dass der Kontakt zu diesem – unter Aufsicht – stark begrenzt bleibt.

Mögliche Verhaltensweisen und ihre Auswirkungen auf das Kind (hier am Beispiel der Mutter) in einer Übersicht:

Übertragungen von der Mutter auf das Kind

Mutter	**Kind**
Mutter schimpft über ihren Partner.	Kind entwickelt Schuldgefühle, bekommt ein schlechtes Gewissen, wenn es positive Gefühle für seinen Vater spürt.
Mutter ist wütend auf ihren Partner, redet aber nicht mit ihrem Kind über ihn.	Kind entwickelt Schuldgefühle, da seine Mutter nicht offen mit ihm über den Vater spricht, denkt, sie ist möglicherweise wütend auf das Kind.
Mutter versteht sich gut mit ihrem Partner. Auch nach der Trennung spricht sie viel mit ihrem Kind darüber.	Kind ist frei von Schuldgefühlen, hält Kontakt zum Vater aufrecht.
Mutter redet nicht mehr mit ihrem Partner, redet aber offen mit ihrem Kind und ermutigt es, seinen Vater zu besuchen. Sie freut sich, wenn ihr Kind glücklich ist.	Kind entwickelt keine Schuldgefühle, bezieht nichts auf sich, da die Mutter ihm ehrlich gegenübertritt.

Krankheit der Kinder oder der Eltern

Ein weiterer Belastungsfaktor können zweifelsohne Krankheiten sein. Nicht selten haben Kinder Erkrankungen wie Asthma und Neurodermitis.
Welche Bedeutung haben Erkrankungen für die Erziehung?
Die größte Gefahr besteht darin, dass sich die Eltern durch die Erkrankung sehr viele Sorgen um ihre Kinder machen und dadurch schnell ein schlechtes Gewissen bekommen, wenn sie ihnen gegenüber klare Regeln durchsetzen. Meistens haben die Eltern selbst Ängste entwickelt, ihre Kinder zu verlieren. Sie möchten alles daran setzen, dass es ihnen gut geht. Das hat aber leicht zur Folge, dass diese Kinder immer mehr die Grenzen überschreiten, manchmal gar die Krankheit als Mittel einsetzen, um bestimmte Bedürfnisse befriedigt zu bekommen. Sie ziehen aus ihrer Krankheit einen so genannten Krankheitsgewinn. Es dreht sich dann vieles nur noch um das kranke Kind, die gesunden Geschwister rücken in den Hintergrund. Leicht

kann sich dann zusätzlich eine Geschwisterrivalität entwickeln. Wenn zu Hause mit den Regeln zu nachlässig umgegangen wird, zeigt es sich auch in Auffälligkeiten im Kindergarten oder in der Schule. Diese Kinder nehmen dann auch dort schnell eine Sonderrolle ein, sind oftmals nicht konfliktfähig, ziehen sich zurück oder verhalten sich aggressiv.
Die Erziehung kranker oder chronisch kranker Kinder sollte immer so normal wie möglich erfolgen, ohne große Sonderrechte oder Sonderstellungen.

Umgekehrt gibt es den Fall, dass die *Eltern* an einer Erkrankung leiden. Auch das kann bedeutsame Auswirkungen auf die Erziehung ihrer Kinder haben. Oftmals werden bei Erkrankungen der Eltern die Kinder instrumentalisiert, sie sollen den Eltern das geben, was ihnen durch die Erkrankung verloren geht. Dadurch geraten die Kinder in einen zentralen Konflikt. Sie können ihre Kindheit nicht mehr genießen, entwickeln Schuldgefühle, wenn sie es ihren Eltern nicht recht machen können.

Auch hier gilt der Grundsatz:
Eine Erkrankung der Eltern darf nicht zur Verantwortung des Kindes werden, sondern die Erziehung sollte so normal wie möglich verlaufen.

Kritisierende Großeltern

Ein ganz zentrales Problem stellt der Konflikt zwischen Eltern und Großeltern in der Erziehung dar. Nicht immer liegt der Erziehungsstil auf einer Ebene. Oftmals spielen sich Interaktionskonflikte zwischen den Großeltern und den Eltern ab, denen die Kinder zum Opfer fallen:

- Die Großmutter spricht im Beisein ihres Enkelkindes schlecht über die Mutter.
- Die Großmutter versucht ihr Enkelkind anders zu erziehen als ihre Tochter, um ihr zu zeigen, dass sie mehr Lebenserfahrung hat.
- Die Großmutter versucht sich die Gunst ihres Enkelkindes über viele Geschenke zu erkaufen, um eigene Fehler in ihrer Erziehung auszugleichen.
- Die Mutter erlaubt ihren Kindern nicht, zu ihrer Oma zu fahren, da sie eigene Konflikte mit ihr hat.

- Die Mutter wertet die Oma im Beisein ihrer Kinder ab.

Nicht selten hat sich im Laufe der Entwicklung ein spannungsreiches Verhältnis zwischen Eltern und Großeltern aufgebaut, insbesondere zwischen einem Partner und seinen Schwiegereltern. Diese Spannungen führen häufig zu bewusst unterschiedlich geführten Erziehungsstilen. Die Kinder werden stark verunsichert, sie spüren die Spannungen ihrer Eltern und Großeltern, die über sie ausgetragen werden. Das kann ebenfalls zu Schuldgefühlen führen.

Auch hier gilt der Grundsatz:
Die Spannungen zwischen den Großeltern und den Eltern dürfen nicht über die Kinder ausgetragen werden.

Wenn die Großeltern aber ihre Projektionen nicht abbauen können, dann sollte man den Kontakt reduzieren, aber nicht abbrechen. Durch die Reduzierung erreicht man eine Milderung der Verunsicherung, durch die Aufrechterhaltung gibt man den Kindern das Gefühl, dass es O.K. ist, wenn sie zu ihrer Oma oder zu ihrem Opa wollen. Damit verhindert man den Aufbau von Schuldgefühlen, aber auch einen stärker werdenden Interaktionskonflikt, weil die Eltern erziehen, nicht die Großeltern.

»Ich habe einen neuen Lebenspartner!«

Hat man sich von seinem Partner getrennt, möchte man irgendwann mit einem neuen Partner das Leben teilen. Aber schon kommen die ersten Verunsicherungen:

- Darf ich einen neuen Partner haben, ohne meinen Kindern weh zu tun?
- Mein Kinder lehnen meinen neuen Partner ab, haben den Wunsch, dass ich wieder mit ihrem Vater zusammenziehe.
- Darf mein neuer Partner in die Erziehung eingreifen, oder wäre es schädlich?
- Darf mein Partner darauf bestehen, Vater genannt zu werden?
- Mein neuer Partner will mein Kind adoptieren. Sollen wir das tun?

Diese Auswahl der Fragen zeigt, wie problematisch sich eine neue Beziehung darstellen kann. Auch für die Kinder ist eine neue Beziehung ihrer Eltern immer eine

Veränderung, mit der sie sich erst einmal vertraut machen müssen. Der neue Lebensgefährte hat keinen Anspruch darauf, Vater genannt zu werden, ebenso wenig sollte er *erwarten*, angenommen zu werden. Dies bleibt allein die Entscheidung der Kinder. Natürlich können die Eltern für sich entscheiden, mit einem neuen Partner zu leben, daran ändern auch ihre Kinder nichts. Aber sie müssen sich anfangs oft damit auseinandersetzen, dass ihre Kinder ablehnend reagieren.

Was können Eltern tun, damit der neue Lebenspartner angenommen wird?
Zuerst muss die Erziehungsfrage geklärt sein: Erziehen dürfen nur Vater und Mutter, nicht der neue Lebenspartner. So gerät das Kind nicht in einen inneren Konflikt. Der Partner ist lediglich ein guter Freund des Kindes. In Einzelfällen, wo die Kinder den Partner schon als Vater akzeptieren, wäre die Situation anders. In diesen Fällen wäre sogar eine Adoption denkbar und möglich.

Musterbeispiele aus dem Erziehungsalltag

In diesem Kapitel soll nun eine Reihe typischer Fallbeispiele gezeigt werden, in denen alle bisher aufgeführten Informationen und Erkenntnisse verinnerlicht sind und die als Musterbeispiele der Erziehung angesehen werden können. Immer wieder wird von Eltern die Frage gestellt, wie man sich denn nun in ganz konkreten Situationen verhalten solle. Wie setze ich Regeln wirksam um?
Nun soll dieser Bereich mit Hilfe typischer Alltagssituationen einmal ganz ausführlich behandelt werden. Jedes Beispiel beginnt mit einer kurzen Falldarstellung, im zweiten Abschnitt wird ein erfolgreiches, auf den Fall zugeschnittenes Erziehungsverhalten gezeigt. Im letzten Teil finden Sie einige Anmerkungen, warum ein solcher Erziehungsstil beispielsweise sinnvoll ist.

Fall 1
»Mein Kind will nicht nach Hause.«

Situationsbeschreibung:

Eine Mutter ist mit dem achtjährigen Fritz auf dem Hamburger Dom. Es ist schon spät, sie möchte nach Hause gehen. Als sie es Fritz sagt, wird er trotzig, da er noch unbedingt mit dem Riesenrad fahren möchte.

Erziehungsverhalten:

Mutter: »Fritz, es ist schon 17:00 Uhr, wir müssen jetzt nach Hause, wir müssen um 18:00 ja auch noch deine Schwester vom Musikunterricht abholen.«

Fritz: »Nur noch eine Fahrt mit dem Riesenrad, bitte, ich will noch einmal fahren.« Dabei wirkt er ein wenig bockig, sieht nur noch auf das Riesenrad. Tränen stehen ihm in den Augen.

Mutter: Sie geht auf Fritz zu, nimmt ihn an die Hand und sagt: »Ich kann dich verstehen, dass du noch einmal fahren willst. Aber wir werden jetzt losgehen, damit wir rechtzeitig zu Hause sind.«

Dabei wirkt sie ihrem Kind gegenüber locker, hat ein kleines Lächeln auf den Lippen.

Fritz: Er fängt an, sich auf den Boden zu werfen, und ruft: »Ich will noch hier bleiben, ich will nicht, du bist eine blöde Mama, ich will zu Papa!« Er fängt an zu weinen.

Mutter: Sie nimmt ihn schreiend mit, lässt ihn dabei nicht los und geht zu ihrem Auto. Dabei ist sie ihm zugewandt, lächelt und sagt: »Ich kann verstehen, dass du wütend bist, das darfst du auch. Aber es ändert nichts daran, dass wir uns auf den Heimweg machen.«
Sie wirkt in ihrer Art sehr sicher, ruhig und ausgeglichen.

Anmerkungen:

Dieses Beispiel zeigt ein Musterverhalten der Mutter. In der Anfangsszene will sie nach Hause, ihr Kind ist dagegen, es will noch unbedingt mit dem Riesenrad fahren. Da sie ihren Termin einhalten muss, darf sie die Entscheidung treffen, ihren Sohn an die Hand zu nehmen. Sie kann ihn nicht alleine zurücklassen, da sie ihn im Sinne der Aufsichtspflicht mitnehmen muss.
Wie setzt sie nun diese Regel um? Sie geht auf ihn zu, ist ihm emotional zugewandt. Sie nimmt ihn ohne mehrmaliges Ansprechen mit, indem sie ihn festhält, diskutiert nicht über diese Regel. Zugleich zeigt sie aber Verständnis für sein Verhalten, lässt seine Gefühle von Wut und Aggression zu. Die Mutter zeigt sich damit einfühlend, spricht von sich selbst, gibt keine Ratschläge, bewertet seine Gefühle nicht negativ.
Sie beherzigt ferner alle wichtigen Kommunikationsregeln.
Damit hat sie die Entscheidung, nach Hause zu gehen, eingehalten und umgesetzt.

Fazit:

Ohne eine Diskussion zu beginnen, nimmt sie ihren Sohn liebevoll mit nach Hause und respektiert dabei seine Gefühle von Wut.

Fall 2
Frühstück: »Wir können nicht in Ruhe frühstücken.«

Situationsbeschreibung:

Die Eltern frühstücken mit ihren Kindern Jan, 6 Jahre, Peter, 8 Jahre, und Viola, 10 Jahre. Peter hört plötzlich auf zu essen, ärgert fortlaufend seinen kleinen Bruder. Der beginnt zu schreien, Viola fühlt sich immer mehr genervt. Peter findet die Situation lustig. Die Eltern sind gereizt.

Erziehungsverhalten:

Peter: Er hört auf zu essen, kneift seinen Bruder, kichert, lacht: »Ha, ich bin stärker als du!«

Eltern: »Wir möchten in Ruhe essen, dein Verhalten stört uns alle. Du scheinst ja schon fertig gegessen zu haben.«

Anschließend geht der Vater auf Peter zu, ist ihm emotional zugewandt und nimmt ihn an die Hand, führt ihn aus der Küche und macht die Tür hinter sich zu. Auf dem Weg dahin sagt er zu ihm: »Ich fühle mich so beim Essen genervt, die anderen stört es ja auch. Da du satt bist, kannst du jetzt ja spielen, du hast heute keine Hausaufgaben mehr auf. Wir werden dann in Ruhe weiter essen.«

Peter: Er reagiert jetzt wütend, da er anscheinend noch Hunger hat, und schreit: »Ich will noch etwas essen, ich habe doch gar nichts gemacht!«

Vater: »Ich kann deine Wut verstehen, aber dann musst du eben bis zum Mittag warten und kannst ja noch bis dahin gesunde Bananen essen.«

Der Vater ist ihm zugewandt, wirkt gelassen und ruhig.

Peter: »Lass mich los, du tust mir weh! Du bist gemein, ich finde dich blöd!«

Vater: »Hey, ich kann dich verstehen, auch dass du mich blöd findest. Aber wir wollen in Ruhe weiteressen und du kannst ja in Ruhe spielen.«

Dann geht er wieder zurück in die Küche und frühstückt zu Ende.

Anmerkungen:

Anfangs hat Peter die Mahlzeit gestört. Der Bereich der Eltern ist beeinträchtigt, also besteht Handlungsbedarf.

Wie hat der Vater die Regel umgesetzt?

Die Regel »in Ruhe frühstücken« haben die Eltern sehr klar und konsequent vollzogen. Der Vater ist aufgestanden und hat den Jungen aus dem Raum geführt, dabei war er ihm emotional zugewandt. Er hat diese Regel ohne Diskussionen in eine Handlung (Hinausführen des Kindes) umgesetzt. Die emotionale Zuwendung zeichnet sich durch seine ruhige, freundliche Art aus und dadurch, dass er Peters Gefühle akzeptiert.

Er hat sich durch die Beschimpfungen nicht provozieren lassen, sondern war in der Lage, konsequent zu handeln und seinem Sohn dabei zuzuhören. Er hat ihn emotional nicht abgelehnt.

Fazit:

Der Vater hat gehandelt und seinen Sohn zeitnah nach Nichteinhaltung einer Regel aus dem Raum geführt, ist dabei aber sehr liebevoll geblieben.

Fall 3
»Mein Kind will unbedingt Schokolade.«

Situationsbeschreibung:

Die Mutter ist mit ihrem dreijährigen Sohn im Supermarkt an der Kasse. Andreas möchte unbedingt einen Kinderriegel haben. Seine Mutter hat sich fest vorgenommen, im Sinne der Gesundheitserziehung heute keine Süßigkeiten zu kaufen.

Erziehungsverhalten:

Andreas: Er schreit und weint: »Mama, ich will Schokolade!«

Mutter: »Nein Andreas, heute gibt es keine Süßigkeiten. Wir essen gleich zu Mittag.« Dabei lächelt sie ihn an und wirkt ruhig.

Andreas: Er wirft sich auf den Boden und schreit immer lauter, dabei strampelt er mit den Füßen.

Mutter: »Ich weiß, dass du wütend bist, und trotzdem gehen wir jetzt ohne Süßigkeiten nach Hause und essen gemütlich zu Mittag.«
Dabei nimmt sie den strampelnden Andreas auf den Arm und verlässt nach dem Bezahlen den Supermarkt.
Sie fühlt sich sicher und gut, ihre Entscheidung durchgesetzt zu haben.

Anmerkungen:

Diese Situation ist sicherlich vielen Eltern bekannt.
Wie soll man in einer solchen Situation reagieren, vor allem, wenn man von fremden Leuten umringt ist?
Die Mutter in diesem Fallbeispiel hat sehr gut reagiert. Im Sinne der Verantwortung ihrem Sohn gegenüber hat sie für sich die Entscheidung getroffen, ihm heute keine Süßigkeiten zu kaufen. Diese hat sie sehr konsequent in eine Handlung (das Kind auf den Arm nehmen, ohne Süßigkeiten gekauft zu haben) umgesetzt.
Sie hat weder ihr Verhalten gerechtfertigt noch wiederholt erklärt, ist also keine Diskussion mit ihrem Kind eingegangen.
Die Wut ihres Sohnes hat sie respektiert, sie hat sich von ihr nicht provozieren lassen.

Es sei in diesem Zusammenhang noch einmal auf das Verhältnis der Sprache zur nonverbalen Haltung hingewiesen. Manchmal teilen Mütter ihren Kindern über die Sprache mit, dass sie Gefühle wie Wut und Aggression der Kinder akzeptieren. Aber nonverbal wirken sie sehr verunsichert, strahlen genau das Gegenteil aus.
Diese Verunsicherung wird dann auf die Kinder übertragen. In unserem Fallbeispiel hat die Mutter sich sehr ruhig und gelassen verhalten, deckungsgleich mit dem Gesagten. Dem Kind gegenüber hat sie sich sehr klar gegeben.

Fazit:

Eine ganz typische Kaufhaussituation wurde von dieser Mutter konsequent bewältigt, mit Anteilnahme, aber ohne eine Rechtfertigung ihrerseits.

Fall 4
»Mein Kind stört beim Telefonieren.«

Situationsbeschreibung:

Die Mutter möchte mit ihrer Freundin telefonieren, mit der sie schon lange nicht mehr gesprochen hat. Sie freut sich sehr auf dieses Gespräch. Gerade als sie den Hörer abnehmen will, beginnt ihre zwölfjährige Tochter Natalie sie zu stören, indem sie immer wieder fragt, ob sie ihr nicht bei den Hausaufgaben helfen könne, sie möchte schließlich noch mit ihrer Freundin spielen.

Erziehungsverhalten:

Natalie: »Mama, nun hilf mir doch mal bei den Hausaufgaben! Ich will doch gleich zu Susi.«

Mutter: Sie legt den Telefonhörer kurz zu Seite und sagt:
»Ich möchte zuerst das Gespräch mit meiner Freundin führen, danach helfe ich dir gerne, so lange musst du aber noch warten.«

Natalie: »Oh Mann, dann komme ich ja wieder zu spät. Wieso musst du denn unbedingt jetzt telefonieren, kannst du es nicht später machen?«

Mutter: Sie geht auf ihre Tochter zu, nimmt sie zielstrebig mit aus dem Raum und sagt: »Ich möchte jetzt in Ruhe telefonieren und bitte dich, so lange draußen zu warten.« Dabei wirkt sie ausgeglichen und macht die Tür hinter sich zu (notfalls schließt sie ab). Anschließend geht sie zum Telefon und kann nun telefonieren.

Natalie: Sie schimpft laut und tritt gegen die Tür.

Mutter: »Ich weiß, dass du jetzt wütend bist. Kann ich verstehen. Ich werde jetzt in Ruhe telefonieren, und danach helfe ich dir gerne, wenn du meine Hilfe noch brauchst.«
Die Mutter nimmt die Tritte gegen die Tür dafür in Kauf. Dann widmet sie sich ganz und gar dem Telefonat.

Anmerkungen:

Wie ist diese Mutter mit der Situation umgegangen ?

Ausgangssituation war ein Telefonat, das die Mutter mit ihrer Freundin führen wollte. Die Tochter begann sie mit ihrer wiederholten Frage nach den Hausaufgaben zu stören. Die Regel »in Ruhe und allein telefonieren« hat die Mutter gelassen und konsequent umgesetzt.

Wie genau hat sie ihr Ziel erreicht?

Sie war ihrer Tochter zugewandt und machte sie darauf aufmerksam, dass sie beim Telefonieren störe. Dabei ist sie auf das Diskussionsangebot ihrer Tochter nicht eingegangen, sondern hat sie aus dem Raum geführt, um anschließend in Ruhe telefonieren zu können. Die Beschimpfungen und Tritte ihrer Tochter haben sie nicht provoziert, statt dessen hat sie es als eine Form von Verarbeitung der gesetzten Grenze bewertet.

Fazit:

Bewundernswert ist, dass diese Mutter die Wutausbrüche (Tritte gegen die Tür) ihrer Tochter nicht daran gehindert haben, ihre Entscheidung liebevoll durchzusetzen. Sie hat die Bedeutung einer gesunden Erziehung einer möglichen Beschädigung der Tür vorgezogen und eine vernünftige Gewichtung getroffen.

Fall 5
Geschwisterrivalität: »Meine Kinder streiten sich immer.«

Situationsbeschreibung:

Die Geschwister Jan (6 Jahre) und Jessica (7 Jahre) spielen zusammen auf dem Spielplatz. Ihre Eltern beobachten sie sitzend auf einer Bank. Plötzlich beginnt Jan seine Schwester zu ärgern, sie zu schubsen und zu beschimpfen.

Erziehungsverhalten:

Jan: Immer wieder läuft er hinter ihr her, tickt sie an und zwickt sie am Ärmel:
»Ha, fang mich doch, ich bin ja doch schneller als du.«

Jessica: Sie beginnt zu weinen und schreit: »Lass mich endlich in Ruhe!«

Eltern: Sie stehen auf, gehen zu Jan, begeben sich auf seine Höhe und sagen: »Uns stören diese Streitereien und wir möchten nicht, dass du Jessica oder andere Kinder schlägst oder schubst!«
Anschließend nehmen sie ihn an die Hand und gehen wieder zu ihrer Bank zurück.
Jan: Er beginnt zu schreien und zu weinen. »Lasst mich los, ich will spielen. Die blöde Kuh, ihr seid alle doof!«

Eltern: Sie lassen sich nicht beirren und antworten ihrem Sohn: »Klar bist du wütend, ist auch O.K. Aber du hast sie beim Spielen immer wieder geschubst und wir möchten grundsätzlich nicht, dass du andere Kinder schubst oder gar schlägst.«

Jan: »Ich habe gar nichts gemacht, sie hat angefangen.« Er weint bitterlich.

Eltern: Sie nehmen ihn in den Arm und trösten ihn: »Wir haben dich ganz doll lieb.« Sie lassen sich aber nicht auf eine Diskussion (»Meine Schwester hat angefangen«) ein, ändern nicht ihre Entscheidung. Allerdings hören sie ihm zu und geben ihm das Gefühl, dass er ihnen wichtig ist.

Anmerkungen:

Die Eltern haben sehr klar reagiert. Jan hat seine Schwester wiederholt geschubst und damit versucht, eine Grenze zu übertreten. Die Eltern haben eine feste Regel im Sinne der Verantwortung getroffen.
Wie haben sie diese Regel einhalten können?
Als sie die Grenzüberschreitungen entdeckt haben, sind sie auf Jan zugegangen, haben ihm mitgeteilt, dass sie diese Grenzüberschreitungen nicht dulden. Ohne in eine Diskussion mit ihm einzusteigen, haben sie unmittelbar gehandelt. Sie nahmen ihn aus der Situation heraus. Seine Gefühle haben sie respektiert.

Fazit:

Die Eltern haben es verstanden, ihre Regel »Wahrung der körperlichen Integrität« konsequent durchzusetzen, ohne Partei für ein Kind zu ergreifen. Sie haben sich nicht dazu verleiten lassen, in eine Diskussion einzusteigen.

Fall 6
»Mein Kind kommt nicht rechtzeitig nach Hause.«

Situationsbeschreibung:

Die sechzehnjährige Tochter Yvonne kommt an einem Tag eine Stunde später nach Hause. In letzter Zeit ist es immer öfter vorgekommen. Die Eltern haben die Regel, dass sie während der Schulwoche spätestens um 22:00 zurück ist.

Erziehungsverhalten:

Eltern: »Es ist jetzt 23:00 Uhr, wir haben ausgemacht, dass du in der Woche um 22:00 zurück bist. Das ist die Regel, die wir im Sinne unserer Verantwortung einhalten müssen, da wir sonst Ärger mit dem Gesetz bekommen.«

Yvonne: »Ja, es war aber so spannend. Nun stellt euch doch nicht so an, ich komme dann eben morgen rechtzeitig.« Dabei wirkt sie sehr gleichgültig ihren Eltern gegenüber.

Eltern: »Klar, wir können dich verstehen, absolut! Es ändert nichts an der Sache, dass wir die Verantwortung für dich tragen, dass du um 22:00 zurück bist. Wir haben uns jetzt Folgendes überlegt. Die Zeit, die du später kommst, wird dir am nächsten Tag abgezogen; d.h. wenn du morgen eine halbe Stunde zu spät kommst, kannst du den darauffolgenden Tag nur bis um 21:30 raus. So errichten wir eine Art Zeitkonto, du hast es selbst in der Hand, über deine Zeit zu verfügen, ähnlich wie du bei einem Konto an der Bank über dein Geld verfügen kannst.«

Yvonne: Sie hört aufmerksam zu und fragt: »Was ist, wenn ich mich trotzdem nicht an die Zeit halte?«

Eltern: »Dann würde sich deine Ausgangszeit so weit reduzieren, dass du irgendwann schon direkt nach der Schule zu Hause bleiben müsstest. Das liegt aber an dir.«

Yvonne: Sie bemerkt sehr schnell, dass es kein Einlenken gibt, und sagt zähneknirschend: »Ist ja gut!«
Seitdem hält sie die Zeiten deutlich besser ein.

Anmerkungen:

Diese Situation tritt bei Teenagern immer wieder auf, viele kennen das Problem. Diese Eltern haben im Sinne der Verantwortung die Regel aufgestellt, dass ihre Tochter um 22:00 zu Hause sein muss. Yvonne hat aber ganz andere Interessen. Sie war auf einer Fete, das ist spannender, deshalb ist sie zu spät gekommen.
Wie haben ihre Eltern diesen Konflikt bewältigt?
Erst einmal haben sie ihrer Tochter kurz erklärt, warum sie diese Regel durchsetzen müssen. Sie haben Verständnis für ihr Verhalten gezeigt, sind aber nicht von der Durchsetzung ihrer Regel abgewichen. Ohne in Diskussionen zu geraten, haben sie ihre Entscheidung mit dem Zeitkonto getroffen, erklärt und umgesetzt. Das Zeitkonto ermöglicht ihrer Tochter gleichzeitig, selbstständig ihre Zeiteinteilung vorzunehmen. Über diesen Weg haben sie das abendliche Zuspätkommen eingrenzen können.

Fazit:

Die Eltern haben eine Maßnahme getroffen, die ihrer Tochter noch eine Möglichkeit der Entscheidung lässt und gleichzeitig zu einer konsequenten Einhaltung der Regeln führt.

Fall 7
»Mein Kind will seine Hausaufgaben nicht machen!«

Situationsbeschreibung:

Eine Mutter hat einen Konflikt mit ihrem neunjährigem Sohn Marc, da er seine Hausaufgaben nicht machen will. Die feste Regel im Sinne der Verantwortung besteht darin, dass ihre Kinder nach der Schule grundsätzlich im Anschluss an eine kurze Mittagspause die Hausaufgaben machen.

Erziehungsverhalten:

Marc: »Ich will jetzt noch nicht die Hausaufgaben machen, sondern mit Freunden spielen, sonst komme ich zu spät. Ich mache sie nachher.«

Mutter: »Klar, ich kann dich gut verstehen, dass du spielen willst. Trotzdem müssen die Hausaufgaben jetzt gemacht werden, du kennst die Regel.«
Daraufhin begibt sie sich mit ihrem Sohn in sein Kinderzimmer. Er setzt sich auf seinen Stuhl.

Marc: »Ich habe keine Lust, kann eh alles nicht!« Dabei beginnt er im Zimmer wieder umherzulaufen.

Mutter: Sie geht auf ihren Sohn zu, nimmt ihn sicher an die Hand, setzt ihn wieder auf den Stuhl und sagt: »Ich kann dich verstehen, keiner macht gerne Hausaufgaben. Ich werde dich jetzt aber nicht eher von diesem Stuhl lassen, bis du die Hausaufgaben gemacht hast.«

Marc: Er wird wütend, schreit und schimpft: »Ich find es echt gemein, jetzt kann ich nicht mit meinen Freunden spielen.«
Er bemerkt sehr schnell, das seine Mutter ihn nicht vom Stuhl lässt, sie wirkt auf ihn sicher und gelassen. Er beginnt mit den Hausaufgaben.

Anmerkungen:

Die Hausaufgaben sind für Eltern und Kinder immer wieder eine Herausforderung. Die Regel bestand darin, dass jeden Tag nach der Schule die Hausaufgaben gemacht werden sollen. Die Mutter hat mit einem sehr konsequenten Verhalten diese Regel in einer ruhigen Atmosphäre umsetzen können. Sie hielt den Rahmen so eng, dass er vor Beendigung der Hausaufgaben keine andere Tätigkeit ausüben konnte. Ihr Kind entwickelte Leidensdruck, der zur Erledigung der Hausaufgaben führte.

Jetzt kann man sich natürlich fragen, ob dieser Schritt nicht zu kalt und autoritär gewesen sei.

Nein, die Mutter war ihrem Kind stets zugewandt, sie zeigte sogar Verständnis für seine Unlust. Sie hat lediglich durch ihr konsequentes Verhalten den Erziehungsrahmen eingehalten.

Fazit:

Eltern sollten auf einem regelmäßigen Erledigen der Hausaufgaben bestehen und die Situation in ähnlicher Art und Weise angehen.

Fall 8
Morgendlicher Ablauf: »Mein Kind trödelt immer.«

Situationsbeschreibung:

Die Familie Meier hat ein immer wiederkehrendes Problem: der morgendliche Ablauf. Ihre Kinder, Johannes (10 Jahre) und Maria (12 Jahre), trödeln morgens so lange, dass ihre Mutter nicht mehr rechtzeitig zur Arbeit kommt. Um 07:30 ist die Abfahrt von zu Hause geplant; es geht dann erst zur Schule, dort werden die Kinder abgesetzt, dann fährt sie zur Arbeit. Die Mutter hat sich nun einen konsequenten Erziehungsstil überlegt, der wie folgt aussieht:

Sie weckt die Kinder nicht, sondern überlässt es ihnen. Sie bereitet Frühstück vor und schmiert ihnen die Pausenbrote. Ansonsten kümmert sie sich vorerst nicht weiter um den morgendlichen Ablauf. Sie möchte den Kindern nicht mehr hinterherlaufen.

Mutter: »Ab morgen könnt ihr euch selbst den Wecker stellen, ihr könnt ja schon alles allein. Ich stelle das Frühstück in die Küche. Abfahrt ist um 07:30, wer nicht rechtzeitig da ist, muss dann mit dem Bus oder dem Fahrrad fahren. Mir war das bisher viel zu viel Stress.«
Zum Schutze ihres Ablaufes hat sie diese Regel getroffen.

Kinder: Sie trödeln, stehen zu spät auf. Sie hoffen immer noch, dass ihre Mutter auf sie wartet. Als es 07:30 ist, sagen sie: »Mama, warte, wir sind gleich fertig. Wir haben verschlafen.«

Mutter: »Tut mir leid. Ich muss jetzt los, sonst komme ich zu spät. Ihr könnt ja mit dem Bus fahren.« Dann fährt die Mutter ohne ihre Kinder los.
Als sie in ihrer Arbeitsstelle ankommt, klingelt ihr Handy, ihre Kinder sind dran, sie weinen.

Kinder: »Kannst du uns nicht fahren, wir trauen uns nicht, zu spät in die Schule zu kommen. Mama, bitte!«

Mutter: »Ihr braucht keine Angst zu haben, fahrt einfach jetzt in die Schule, erzählt eurer Klassenlehrerin, dass ihr verschlafen habt. Ihr schafft es.«

Kinder: Sie bemerken, dass sie ihre Mutter nicht überreden können, sondern die Verantwortung alleine tragen. Um keinen Stress mit der Lehrerin zu bekommen, fahren sie gemeinschaftlich mit dem Fahrrad in die Schule; vor dem Schwänzen wäre ihre Angst viel größer. Die darauffolgenden Tage klappt es sehr gut.

Anmerkungen:

Die Mutter hat diese Situation schön gelöst. Da ihr Ablauf nie eingehalten wurde, hat sie für sich die Entscheidung getroffen, sich nicht mehr um das morgendliche Aufstehen ihrer Kinder zu kümmern, schließlich seien diese alt genug. Sie zeigte sich nicht genervt, als ihre Kinder sie über das Telefon umzustimmen versuchten. Sie blieb ihrer Linie treu, war dabei trotzdem im Umgang mit ihren Kindern liebevoll.

Fazit:

Mehr Mut beim morgendlichen Ablauf, seine eigenen Termine ernst nehmen und den Kindern vertrauen, dass sie sich auch alleine versorgen können.

Fall 9
»Mein Kind räumt nie seine Sachen weg.«

Situationsbeschreibung:

Die Zwillingsschwestern Andrea und Franziska (10 Jahre) haben den ganzen Tag im Wohnzimmer gespielt. Nun ist es Abend und die Sachen liegen immer noch auf dem Fußboden. Die Eltern entschließen sich, ihre Kinder dazu zu bringen, ihre Sachen wieder wegzuräumen.

Eltern: »Andrea und Franziska, bitte räumt jetzt eure Sachen weg.«
Die Eltern treffen diese Anordnung, da das Wohnzimmer ihr Bereich ist, der jetzt durch die vielen Spielsachen chaotisch aussieht.

Andrea und Franziska: »Ja, wir räumen noch auf, wir wollen aber erst zu Ende spielen.«

Eltern: »Können wir gut verstehen, aber wir haben *jetzt* gesagt.«
Mit einem kleinen Lächeln gehen sie auf ihre Kinder zu und sagen: »Notfalls halten wir euch hier so lange fest, bis ihr alles weggeräumt habt.«

Andrea und Franziska: »Nachher! Wir gehen erst noch zu einer Freundin, sonst kommen wir zu spät.«

Eltern: Sie lassen sich nicht auf das Diskussionsangebot ein, sondern nehmen ihre Kinder an die Hand, gehen mit ihnen wieder zu den Spielsachen, halten sie dabei sanft fest und sagen nur: »Jetzt!«

Andrea und Franziska: »He, lasst uns los! Ihr seid gemein!«

Als sie merken, dass es keinen Sinn hat, beginnen sie murrend die Spielsachen wegzuräumen.

Eltern: »Prima, hat doch geklappt. Wenn ihr Lust habt, könnt ihr jetzt gerne noch zu eurer Freundin gehen.«

Anmerkungen:

Die Eltern haben diese Situation sehr verständig gelöst. Ihre Kinder wollten nicht aufräumen und haben ihren Eltern unterschiedliche Diskussionsangebote gemacht: »Wir räumen nach dem Spielen auf« und »Wir müssen noch eine Freundin besuchen«.

Die Eltern haben aber nicht mit ihnen diskutiert. Sie haben ihre Entscheidung einmal begründet und dann konsequent gehandelt. Sie haben nicht darauf gehofft, dass die Kinder ihrer Entscheidung durch die Erklärung nachkommen. Dadurch sind sie auch nicht enttäuscht worden. Sie haben ihre Kinder so lange nicht aus dem Wohnzimmer gelassen, bis sie aufgeräumt haben. Ihre Wut wurde dabei nicht verurteilt, sondern akzeptiert.

Fazit:

Aufräumen ist dann sinnvoll, wenn Kinder ihre Sachen in Räumlichkeiten liegen lassen, die ihnen nicht gehören, wie z.B. im Wohnzimmer. Es ist nicht nötig, dass sie stündlich alles wegräumen, nur, wenn die Eltern es ansprechen. Dann sollte man die getroffene Entscheidung konsequent und liebevoll umsetzen.

Fall 10
Gefühle: »Mein Kind kommt gereizt und genervt aus der Schule.«

Situationsbeschreibung:

Der vierzehnjährige Manfred kommt aus der Schule. Als er das Haus betritt, wirkt er sehr genervt und gereizt. Als seine Mutter ihn darauf anspricht, wie die Schule war, ist er unzugänglich.

Erziehungsverhalten:

Manfreds Antwort: »Gut wie immer!« Dabei blickt er zu Boden, geht ohne ein weiteres Wort in sein Zimmer.

Mutter: »Du wirkst auf mich sehr traurig, aber es ist O.K., wenn die Schule für dich gut war. Wenn dich irgendetwas nervt, kannst du mit mir jederzeit sprechen.«

Manfred: »Lass mich jetzt in Ruhe!«

Mutter: Sie lässt ihn in seinem Zimmer; auch wenn es ihr nicht leicht fällt, erträgt sie die Ungewissheit, was ihr Kind zur Zeit bewegt. Aus ihrer Sicht hat er ein Recht, mit seinen Gefühlen und Gedanken frei umzugehen.

Manfred: Einige Zeit später kommt er wieder aus seinem Zimmer und geht zu seiner Mutter: »Kann ich heute mitfahren zum Einkaufen?«

Mutter: »Wenn du die Hausaufgaben gemacht hast, klar!«

Manfred: »Ja, habe ich eben gemacht. Ich muss mich erst mal abreagieren. Die Lehrerin hat mir einfach eine Strafarbeit aufgegeben, obwohl ich gar nicht gestört habe. Das war doch Leon. Die ist echt fies!«

Mutter: »Du hast gar nicht gestört und die Lehrerin hat dir zu Unrecht eine Strafarbeit aufgegeben. Und jetzt bist du sauer.«

Manfred: »Genau, am liebsten würde ich sagen, wer es wirklich war. Aber Leon ist ja mein Freund.«

Mutter: »Du würdest am liebsten der Lehrerin die Wahrheit sagen, hast aber Angst, deinen Freund zu verraten und zu enttäuschen.«

Manfred: »Ja genau. Aber wenn er seine Tat nicht zugibt, dann ist er feige und nicht mein Freund. Ich werde es der Lehrerin sagen, und wenn er mein Freund ist, dann leugnet er es nicht, oder?«

Mutter: »Wäre eine kluge Entscheidung, wenn du mich fragst.«

Anmerkungen:

Manfred kam sehr zerknirscht aus der Schule. Seine Mutter fragte ihn, wie die Schule denn so war. Er wollte aber sichtlich nicht darüber sprechen. Die Mutter entschied für sich, dass ihr Sohn ein Recht habe zu entscheiden, wann und über was er mit ihr spricht.

Daher respektierte sie seine Entscheidung, nicht mit ihr darüber reden zu wollen. Trotzdem zeigte sie sich einfühlsam und bot ihm an, für ihn da zu sein, wenn er reden wolle. Als der Druck von ihm fiel, kam er eigenständig auf sie zu und sprach mit ihr über sein Problem. Dabei verteilte seine Mutter keine Ratschläge oder Bewertungen, sondern spiegelte nur die Gefühlswelt ihres Sohnes. Dadurch fühlte er sehr verstanden (sein wiederholtes »Genau!«) und kam zu einer eigenen Problemlösung. Seine Mutter hat sehr klar gehandelt.

Fazit:

Wenn ein Kind ein Problem hat, wie in diesem Fallbeispiel, dann ist es besonders wichtig, die Kommunikationsregeln anzuwenden. Möglichst keine wertenden Ratschläge geben, sondern nicht wertend zuhören.

Fall 11
Tagesausflug: »Mein Kind möchte nicht mit, es hat nie Lust.«

Situationsbeschreibung:

An einem schönen Sommertag hat sich die Familie Schmidt einen Tagesausflug vorgenommen. Morgens bei der Lagebesprechung stellt sich heraus, dass ihre sechzehnjährige Tochter Annika nun doch nicht mitfahren möchte.

Erziehungsverhalten:

Annika: »Wisst ihr was, ich bleibe lieber zu Hause, ich habe keine Lust mitzufahren.«

Eltern: »Gestern wolltest du doch noch, heute nicht mehr? Finden wir echt schade, aber klar, es ist deine Entscheidung.«

Annika: »Ja, ich bleibe hier.« Dabei lacht sie ein wenig.

Eltern: »Du möchtest lieber zu Hause bleiben, dich vielleicht mit Freunden treffen.«

Annika: »Ja, genau. Habe schon lange nichts mehr unternommen.«

Eltern: »Du freust dich auf das Treffen, oder?«

Annika: »Oh ja, eigentlich kann ich es nicht mehr erwarten.« Dabei lacht sie noch mehr, wirkt aber ein wenig aufgeregt.

Eltern: »Die Freunde oder den Freund magst du wohl sehr?«

Annika: »Ja.« Lacht jetzt sehr verlegen.

Eltern: »Vielleicht bedeutet dir diese Person so viel, dass du in sie verliebt bist? Hey, das würde uns echt freuen.«

Annika: »Oh Mann, ihr erratet aber auch alles!«
Lacht.

Eltern: »Hey, das hast du uns selber erzählt, das war ziemlich eindeutig!«
Lachen.

Annika: »Ehrlich? Ist mir gar nicht aufgefallen.«
Nachdenklich.

Eltern: »Na, dann wünschen wir dir alles Gute! Wir freuen uns wirklich darüber.«

Annika: »Danke, ich mag euch. Habt viel Spaß auf eurer Fahrt.«

Sie wirkt sehr gelassen und erleichtert über die Reaktion ihrer Eltern.

Anmerkungen:

Wer möchte nicht eine schöne Tagesfahrt mit seinen Kindern verbringen?

In diesem Beispiel lehnte die Tochter Annika ab. Ihre Eltern haben angemessen darauf reagiert. Sie akzeptierten ihre Entscheidung und kamen mit ihr ins Gespräch. Sie machten ihrer Tochter keine Vorwürfe, sondern hörten ihr zu. Dabei werteten sie nicht ihre Äußerungen. Annika fühlte sich schnell verstanden. Plötzlich gewann das Gespräch immer mehr an Bedeutung, so dass sie sich traute, ihren Eltern von ihrer Liebe zu erzählen.

Fazit:

Wenn Kinder eigene Wege gehen wollen, haben sie das Recht dazu. Manchmal kommt man gerade darüber sehr gut in ein Gespräch und kann mit Hilfe der Kommunikationsregeln ein intensives und vertrauliches Verhältnis zu seinem Kind stärken.

Dies ist den Eltern sehr gut gelungen.

Fall 12
Ein Tag am Strand: »Mein Kind hört einfach nicht.«

Situationsbeschreibung:

Eine junge Mutter ist mit ihrem dreijährigen Sohn Matthias am Strand. Beide sind vergnügt, es scheint ein sehr schöner Tag zu werden. Als es dann aber Abend wird, entschließt sich die Mutter, wieder nach Hause zu gehen.

Erziehungsverhalten:

Mutter: »So, Matthias, es ist Zeit, nach Hause zu gehen.«

Matthias: »Nein, ich will nicht!«

Er beginnt zu weinen.

Mutter: »Ich kann dich ja verstehen, es hat ja auch wirklich viel Spaß mit dir gemacht. Aber wir werden jetzt nach Hause gehen.«
Sie geht auf ihn zu, nimmt ihn an die Hand und geht.

Matthias:
Er schreit und strampelt: »Lass mich los, du bist gemein, ich will nicht!«

Mutter: Sie nimmt ihn trotzdem mit und spricht mit ihm. Sie bleibt ihm dabei immer zugewandt.

Matthias: Er bemerkt sehr schnell, dass sein Widerstand sich nicht verfängt, und wird deutlich ruhiger.

Anmerkung:

Wer kennt eine solche Situation nicht? Man hat einen schönen Tag mit dem Kind verbracht und will heim, aber die Kinder wollen das Ende so lange wie möglich hinauszögern.
Auch in diesem Beispiel: Als die Mutter gehen wollte, weigerte sich der Kleine. Seine Mutter traf im Sinne der Verantwortung (ihr Kind darf noch nicht allein zurückgelassen werden) und zum Schutze ihrer eigenen Bedürfnisse (kann ihre eigenen Termine nicht vernachlässigen) die Entscheidung zu gehen. Matthias testete die Grenze sehr gründlich, aber seine Mutter handelte, indem sie ihn einfach mitnahm. Damit hielt sie ihren Erziehungsrahmen ein. Emotional lehnte sie ihn nicht ab, war ihm zugewandt und zeigte Verständnis. Dieses Beispiel macht einmal mehr deutlich, dass konsequentes und liebevolles Verhalten sich nicht ausschließen.

Fazit:

Eltern sollten daran denken, dass sie bestimmen dürfen, wann es nach einem schönen Tag nach Hause geht. Die Kinder dürfen gerne enttäuscht reagieren, es ist ja auch ein Zeichen, dass es ihnen gefallen hat.

Fall 13
PC: »Mein Kind möchte ein Spiel, das erst ab 16 Jahren freigegeben ist!«

Situationsbeschreibung:

Der zwölfjährige Tobias möchte sich von seinem Taschengeld etwas kaufen. Da er Computerspiele liebt, hat er sich für eines entschieden. Dieses Spiel ist allerdings erst ab 16 Jahren freigegeben.

Erziehungsverhalten:

Tobias: »Mama, ich möchte mir dieses Spiel kaufen!«

Mutter: »Nein, dieses Spiel ist erst ab 16 Jahren zugelassen.«

Tobias: »Das ist gemein, ist doch mein Taschengeld. Ich will dieses Spiel aber haben!« Dabei beginnt er zu weinen.

Mutter: »Ich kann dich verstehen. Natürlich kannst du dir von deinem Geld kaufen, was du möchtest. Aber hier muss ich eine Ausnahme machen, da dieses Spiel für dich nicht erlaubt ist. Ich trage die Verantwortung vor dem Gesetz und würde mich strafbar machen.«

Tobias: »Das finde ich fies, du willst es mir nur nicht kaufen!«
Er weint immer lauter.

Mutter: »Tobias, ich habe dir den Grund gesagt und jetzt kannst du dir ein anderes Spiel aussuchen, ansonsten machen wir uns wieder auf den Heimweg.«

Tobias: Er geht nicht von der Stelle, reagiert bockig.

Mutter: »Na gut, ist O.K., wenn du jetzt wütend bist. Ich muss aber weiter. Vielleicht suchst du dir morgen ein anderes Spiel aus.«
Dann nimmt sie ihn an die Hand und geht aus dem Geschäft. Sie lächelt dabei ein wenig, wirkt sehr sicher.

Tobias: Er beginnt zu schreien, bemerkt aber, dass er keine Chance hat, dieses Spiel zu bekommen, und geht mürrisch mit seiner Mutter mit.

Mutter: Sie akzeptiert seine Wut und maßregelt ihn nicht.

Anmerkungen:

Die oben beschriebene Szene stellt eine sehr schwierige Situation dar. Zu Recht behauptet Tobias, dass er mit seinem Taschengeld das kaufen darf, was er möchte. Auf der anderen Seite dürfen die Eltern immer dann Entscheidungen treffen und Grenzen setzen, wenn sie Verantwortung für ihr Kind tragen. Dieses hat die Mutter in diesem Beispiel befolgt. Laut Gesetz hätte sie sich strafbar gemacht, da sie ihrem Kind gegenüber eine Fürsorgepflicht hat; d.h. sie trägt die Verantwortung dafür, dass ihre Kinder keinen Umgang mit für ihr Alter nicht freigegebenen Medien haben. Es ist ihr gelungen, Tobias diese Hintergründe zu erklären. Sie hat sich aber auf keine weiteren Diskussionsangebote eingelassen, hat dabei die Gefühle von Tobias respektiert.

Fazit:

Der persönliche Bereich des Kindes hat seine Grenze immer dann, wenn Kriterien der Fürsorgepflicht zum Zuge kommen. Ansonsten ist er unbedingt zu respektieren.

Fall 14
Trennung: »Mein Kind sagt immer, dass der Papa viel netter ist.«

Situationsbeschreibung:

Grundsituation: Eine Mutter hat sich vom Kindesvater getrennt.

Als sie ihre achtjährige Tochter Martina bittet, noch die Schulsachen aus dem Wohnzimmer zu räumen, reagiert Martina wie folgt:

Martina: »Ich mach das nachher. Lass mich endlich in Ruhe. Papa ist viel besser als du, der meckert viel weniger. Ich will lieber zu Papa.«

Mutter: »Unsere Trennung ist für dich sicher nicht einfach. Es ist auch O.K., wenn du Papa jetzt lieber magst. Ich kann dir nur sagen, dass ich dich ganz doll lieb habe und gleichzeitig möchte, dass du deine Schulsachen in dein Zimmer tust, denn dort gehören sie ja auch hin, so wie wir es einmal abgesprochen haben.«

Martina. »Du bist echt doof, ich finde es gemein von dir.«

Mutter: »Das darfst du auch blöd finden und jetzt kommen sie trotzdem in dein Zimmer.«
Dann geht sie zu ihrer Tochter und sagt ruhig: »Ich warte!«

Martina: Sie bemerkt, dass die Entscheidung ihrer Mutter feststeht, und räumt die Sachen mit viel Gemecker weg.

Mutter: »Prima! Finde ich toll, dass du alle Sachen weggeräumt hast. Ich weiß, dass es auch für dich nicht immer einfach ist, eine Mutter zu haben, die immer meckert. Ich mag dich wirklich so, wie du bist.«

Martina: »He, he, das glaub ich nicht.«
Aber es huscht ein Lächeln über ihr Gesicht.

Anmerkungen:
Gerade allein erziehende Elternteile erleben solche Situationen häufig. Die Kinder idealisieren meistens den Partner, der nicht zu Hause wohnt. Hier wurde die Mutter als »gemein« erlebt, der Vater idealisiert. Es ist eine ganz normale Reaktion eines Kindes. Die Mutter ist für den Alltag zuständig, muss ihre Regeln umsetzen und den Erziehungsrahmen einhalten. Der Vater vertritt diese Rolle in diesem Beispiel nicht. Also wird die Mutter leichter verurteilt und der Vater emporgehoben. Eine ganz normale Entwicklung.
Wie aber hat die Mutter reagiert?
Sie hat die Entscheidung getroffen, dass ihre Tochter die Schulsachen in ihr Zimmer bringen muss. Eine schon lange geltende Regel. Sie hat sie umgesetzt, ohne ihrer Tochter gegenüber in Erklärungsnot zu kommen. Gleichzeitig hat sie sich nicht durch

die Äußerungen ihrer Tochter provozieren lassen, sondern die Situation ganz gerecht eingeschätzt und auch Verständnis für ihre Gefühle gezeigt. Sie hat es nicht als Angriff auf ihre Person erlebt.

Fazit:
Es ist immer wichtig, auch eine Beschimpfung des eigenen Kindes nicht gleich als einen Angriff zu bewerten, sondern die Beschimpfungen dazu zu nutzen, ins Gespräch zu kommen.

Fall 15
»Mein Kind verschweigt mir eine Fünf in der Klassenarbeit.«

Situationsbeschreibung:

Torsten (15 Jahre) kommt nach Hause, wirkt sehr deprimiert. Die Mutter weiß, dass er eigentlich eine Mathematikarbeit hätte zurückbekommen müssen.

Erziehungsverhalten:

Mutter: »Na, wie war die Schule? Hast du heute die Mathematikarbeit wiederbekommen?«

Torsten: »Nee, kriegen wir erst später wieder.«
Der Blick ist nicht auf seine Mutter gerichtet, er wirkt ängstlich und traurig.

Mutter: »Nächste Woche? Ich glaube, du bist gerade sehr traurig.«

Torsten: »Nee, geht schon. Es ist nichts.«

Mutter: »Ist O.K., ich erlebe dich heute nur traurig. Ich würde mich freuen, dich wieder fröhlich zu sehen!«

Torsten: »Ja, irgendwie finde ich es ja auch doof.«

Mutter: »Kann ja auch sein, dass du Angst hast, mir etwas zu sagen? Du musst mir aber nichts sagen, wenn du es nicht möchtest.«

Torsten: »Mist. Aber ich sag es dir lieber jetzt. Ich habe in Mathematik eine 5 geschrieben.«

Mutter: »Du bist sicher traurig darüber, aber vielleicht auch froh, dass du es mir gesagt hast?«

Torsten: Er lacht und sagt:
»Ja, es geht mir jetzt schon besser. Irgendwie hatte ich Panik, es dir zu sagen.«

Mutter: »Du hattest Angst, dass ich schimpfe? He, das tue ich nicht, ich helfe dir, dass du wieder eine bessere Note schreibst.«

Torsten: »Puh, bin ich erleichtert. Ich weiß auch nicht, irgendwie konnte ich es nicht!«

Mutter: »Wenn du übst, schaffst du es, da bin ich mir sicher.«

Anmerkungen:

Torsten wusste nicht, wie er seine 5 in Mathematik seiner Mutter gestehen sollte. In seiner Not entschloss er sich, sie anzulügen. Seine Mutter bemerkte, dass irgendetwas nicht stimmte. Er wirkte so traurig, in sich gekehrt und ängstlich. Sie hat ihn aber nicht zur Rede gestellt, sondern hörte ihm zu. Sie spiegelte ihm seine Äußerungen, sodass er sich immer mehr verstanden fühlte. Dadurch fasste er den Mut, ihr die Wahrheit zu sagen. Sie hat seine Notlüge nicht verurteilt, sondern akzeptiert.
Während des gesamten Gespräches hat sie Torsten keine oberflächlichen Ratschläge gegeben oder ihn gar abgewertet. Sie hat sich auch nicht von seiner Lüge provoziert gefühlt, sondern es erst einmal akzeptiert. Damit hat sie eine gute Vertrauensbasis geschaffen.

Fazit:

Eine Notlüge ist oftmals Zeichen von Unsicherheit des Kindes. Man sollte diesem Kind besonders aufmerksam zuhören und keine Bewertungen abgeben.

Diese Fallbeispiele geben nur einen kleinen Einblick in den Erziehungsalltag.
Die Einhaltung des Erziehungsrahmens, der Kommunikationsregeln, die Bewusstwerdung eigener innerer Konflikte und die damit verbundene emotionale Grundhaltung der Eltern gegenüber ihren Kindern entscheiden darüber, ob eine Erziehung glückt, ob Machtkämpfe gut begrenzt werden können und eine Interaktionsstörung vermieden werden kann.

Die Bedeutung von Entspannungsverfahren bei Kindern

In den letzen Jahren wird das Thema Entspannung immer interessanter. Der Alltag von Kindern und Jugendlichen ist oftmals von Unruhe und Hektik gekennzeichnet. Hinzu kommt ein Übermaß an Reizeinflüssen, die im Alltag nicht immer ausreichend verarbeitet werden können. Im Medien- und Technologiezeitalter bleibt für Kinder immer weniger Zeit für Ruhe. Der Ausgleich wird häufig in Computerspielen und Fernsehen gesucht, wobei eine Entspannung aufgrund der vielen visuellen Eindrükke, die innerhalb kürzester Zeit verarbeitet werden müssen, kaum möglich ist. Statt dessen führt die als Ablenkung angesehene Tätigkeit zu einer noch stärkeren Reizüberlastung.

Wegen Zeitmangels der Eltern und durch einen verplanten Tagesablauf bleibt oftmals kein Raum für wirkliche Entspannung. Die Folge dieses Mangels an Ruhe und Entspannung ist eine zunehmende Zahl an unruhigen Kindern mit Verhaltensauffälligkeiten.

Gerade diesen Kindern bieten spezielle Entspannungsverfahren die Möglichkeit, aus ihrer Unruhe herauszukommen und eine Grundlage für einen ungestörten Ablauf von Lernprozessen jeglicher Art zu schaffen. In der Schule, bei der Förderung ihres Sozialverhaltens oder im Spiel behindern sich Kinder durch ihre Unruhe selbst. Die Folge kann sowohl eine Störung ihrer Umgebung als auch eine Behinderung ihrer eigenen Entwicklung sein.

Auch bei Schlafstörungen und Ängsten kann ein Entspannungsverfahren eine wichtige Methode sein, mit der die Kinder lernen, ihre Probleme besser zu bewältigen. Sie lernen sich zu kontrollieren und zu konzentrieren. Insbesondere bei Prüfungsängsten sind Entspannungsverfahren eine bewährte Hilfe.

Wirkung der Entspannungstechniken

Die grundsätzlichen Ziele der Entspannung sind sehr allgemein. Ihr allgemeiner Nutzen rechtfertigt auch ihren Einsatz im Kindergarten und in der Schule. Durch die Entspannung kann die Wahrnehmung durch sinnliche Erfahrungen geschult werden.

Zudem werden Kreativität und Fantasie entwickelt und die Konzentration gesteigert, indem der Körper bewusst erlebt wird. Im motorischen Bereich werden Fein- und Grobmotorik gefördert, im sozialen Bereich Selbstbewusstsein und Gemeinschaftsgefühl entwickelt und soziales Handeln und Kommunikation geschult. Es wird Stress und Leistungsdruck entgegengewirkt, das Immunsystem wird gestärkt, sodass eine gute Gesundheitsfürsorge gewährleistet wird.

Gezielt eingesetzte Entspannungstechniken wirken auf zwei Ebenen: auf der physiologischen und auf der psychischen.

Die Wirkung auf physiologischer Ebene lässt sich an fünf Kennzeichen beschreiben: neuromuskuläre, kardiovaskuläre, respiratorische, elektrodermale und zentralnervöse Veränderungen.

Die *neuromuskulären* Veränderungen sind erkennbar an einem reduzierten Spannungszustand der Muskulatur. Der Spannungszustand nimmt ab, weil Reize auf das motorische System ausbleiben.

Die *kardiovaskulären* Veränderungen bestehen aus drei Effekten. Die periphere Gefäßerweiterung geht mit einem Wärmegefühl einher. Infolge dessen sinkt auch der arterielle Blutdruck. Als *respiratorisches* Kennzeichen tritt hauptsächlich eine positive Beeinflussung des Atems auf, der ruhiger und gleichmäßiger wird. Die *elektrodermalen* Veränderungen sind Veränderungen der Hautreaktionen. Die Hautleitfähigkeit nimmt mit zunehmender Entspannung ab. Bei den *zentralnervösen* Veränderungen handelt es sich um eine Beruhigung der Hirnaktivität, die bei zunehmender Entspannung eintritt.

Die Wirkung auf psychischer Ebene tritt vor allem in Form von emotionalen, kognitiven und behavioralen Veränderungen auf. Das bedeutet vor allem, dass auf emotionaler Ebene eine Entspannung eintritt, auf kognitiver Ebene bedeutet es eine Zunahme an geistiger Frische, auf bahavioraler Ebene die Beruhigung von motorischer Unruhe.

Entspannungsverfahren sind auch gut zur Behandlung von physischen oder psychischen Erkrankungen geeignet. Akute und chronische Schmerzen, Migräne, Aufmerksamkeitsstörungen, Schlafstörungen, Trennungs- oder Kontaktängste, Prüfungsangst, Lern- und Konzentrationsstörungen werden positiv beeinflusst.

Bedingungen

Um Entspannungsverfahren durchführen zu können, bedarf es bestimmter Bedingungen, die erfüllt sein müssen, um die gewünschte Wirkung zu erzielen. Wichtig dabei ist der Rahmen für die Durchführung. Die Kinder müssen vor einer erstmaligen Anwendung über das Entspannungsverfahren informiert werden. Damit erreicht man vor allem bei Jugendlichen mehr Akzeptanz, weil sie wissen, worauf sie sich einlassen. Um eine möglichst günstige Wirkung zu erzielen, bietet es sich an, die Entspannungsverfahren zu ritualisieren.

Die äußeren Bedingungen sollten so arrangiert werden, dass eine Konzentration auf das Entspannungsverfahren problemlos möglich ist. Hierfür sollten alle störenden Faktoren ausgeschaltet werden. So müssen Lärm und Außengeräusche zu Beginn möglichst vermieden werden. Es sollte für eine angenehme Raumtemperatur gesorgt werden, und die Kleidung sollte so beschaffen sein, dass sie angenehm und bequem sitzt.

Als Körperhaltung für das Entspannen bieten sich die Liege- oder Sitzposition an. Die angenehmste Haltung für Anfänger ist die Rückenlage. Sie entspricht den natürlichen Bedürfnissen der Kinder. Hierbei werden die Beine so abgelegt, dass die Fersen den Boden berühren. Die Arme liegen leicht abgewinkelt neben dem Oberkörper. Hilfreich ist ein Kopfkissen; der Kopf sollte gerade liegen und nicht zur Seite gedreht sein. Die Unterlage sollte weich und angenehm sein; gut eignet sich eine gefaltete Wolldecke.

Wird die Entspannungsübung im Sitzen durchgeführt, spricht man von der »Königshaltung«. Bei der Königshaltung stellen sich die Kinder vor, sie sitzen wie ein König aufrecht in würdevoller Haltung auf einem Thron. Die Füße stehen fest auf dem Boden. Die Hände liegen ruhig auf den Oberschenkeln. Bei der gelösten Sitzhaltung sitzen die Kinder auf dem vorderen Teil der Sitzfläche. Die Beine sind so weit geöffnet, dass sich die Oberschenkel nicht berühren. Die Unterarme und Hände liegen ruhig auf den Oberschenkeln. Oberkörper und Kopf hängen entspannt ein wenig nach vorne. In allen Entspannungsübungen sollten die Kinder die Augen schließen.

Ruheübungen sollten einen festen Platz im Alltag bekommen, und der Rahmen der Durchführung sollte möglichst gleich sein. Nur so kann sich der Lerneffekt einstellen und das Entspannungsverfahren besser und effektiver wirken.

Standardtechniken

Im Folgenden werden typische Entspannungsverfahren vorgestellt, die für Kinder und Jugendliche wirksam sind.
Hierzu zählen

- das Autogene Training
- die Progressive Muskelentspannung
- Fantasiereisen.

Grundsätzlich gilt für alle Entspannungstechniken, dass eine Wirkung nur durch regelmäßige Anwendung eintritt. Man kann nicht davon ausgehen, dass bei der ersten Anwendung sofort ein Entspannungszustand erreicht wird, da Entspannungsreaktionen nicht aufgrund zauberhafter Vorgänge entstehen. Im Gegenteil ist Entspannung ein völlig natürlicher Vorgang, der damit auch von Kind zu Kind unterschiedlich einsetzt. Grund dafür kann der augenblickliche Zustand des betreffenden Kindes sein. Damit sich jedes Kind auf ein Entspannungsverfahren einstellen kann, ist die Ritualisierung von Bedeutung. Die Kinder wissen dann, was sie erwartet. Eine weitere Auswirkung der Ritualisierung ist der Trainingseffekt, der sich nach einer gewissen Zeit einstellt. Der Entspannungszustand hält länger an, und es braucht weniger Aufwand und Instruktion.

Autogenes Training

Das autogene Training ist wohl die bekannteste Entspannungsmethode. Das Wort »autogen« kommt aus dem Griechischen und bedeutet »aus sich selbst entstanden«, d.h. man kann sich selbst ruhig stellen, erholen und entspannen. Das autogene Training wird mittels Selbstinstruktion durchgeführt. Eine konzentrative Selbstentspannung ist die Lenkung der Konzentration auf das körperliche Geschehen. Die Hinwendung auf die eigene Person nennt man Einstimmung. Nach der Einstimmung folgen die Formeln zur Schwere- und Wärmeübung. Sie werden im Rahmen eines Trainings einverleibt und entfalten ihre therapeutische Wirkung aus der Entspannung heraus.

Eine Schwereformel löst bei den Kindern in dem jeweils angesprochenen Körperteil ein Gefühl der Schwere aus, die Folge einer Muskelentspannung. Die gefühlte Schwere wird dann auch als ein Beweis einer gelungenen Entspannung gesehen.
Eine Wärmeformel wirkt auf die Gefäßmuskulatur, die durch die Entspannung erweitert und besser durchblutet wird. Auch dieses Wärmeerlebnis ist ein Beweis für eine erfolgreiche Entspannung. Werden die Wärme- und die Schwereübung beherrscht, schließen sich die Organübungen an. Mit diesen Übungen kann ein belastetes oder krankes Organ therapeutisch beeinflusst werden. Besonders durch Stress ausgelöste gestörte Organ-Disfunktionen oder Erkrankungen können gezielt entlastet und therapiert werden.
Die erste Organübung ist die Atemübung; sie dient zur Beruhigung der durch den Stress aus dem Gleichgewicht gebrachten Atmung. Stress erhöht die Atemfrequenz. Diese oft flache und oberflächliche Atmung wird wieder in einen ruhigen und gleichmäßigen Rhythmus gebracht.
Beruhigend auf das vegetative Nervensystem wirkt die Sonnengeflechtsübung, die eine positive Einwirkung auf das Magen- und Darmgeschehen hat.
Die Herztätigkeit kann durch die Herzübungen beeinflusst werden. Stressbedingte und funktionale Herzbeschwerden können durch gezielte Herzübungen gelindert oder gar beseitigt werden.
Damit diese längerfristig nicht mehr auftauchen, sollte auch nach Stressursachen gesucht und die Art und Weise, wie mit Stress umgegangen wird, herausgearbeitet werden.
Eine weitere und letzte Organübung ist die Stirnkühlung.

Die Formeln des autogenen Trainings sind in gelenkte Imaginationen (Bilder) eingebunden (siehe Formelbeispiele auf den nächsten Seiten). Diese können spielerisch erlernt und ihre Wirkung kann leicht nachempfunden werden; es ist für die Kinder meistens gar nicht mehr spürbar, dass es sich um Übungen handelt. Das Fantasie anregende Geschehen lenkt leichter vom hektischen Alltag der Kinder ab. Die Konzentration wird auf innere Bilder gerichtet. Die Formeln werden nicht mehr als eine Aufgabe erlebt, sondern im Rahmen einer Geschichte spielerisch erlernt.
Die gelenkte Imagination ist anfangs ein fremdsuggestiver Vorgang durch einen Trainer (das können auch die Eltern sein). Die gesteuerten Bildabläufe gehen aber

immer mehr in ungesteuerte über, die Kinder formen ihre eigene Bilderwelt, die nunmehr durch die Befindlichkeit ihrer selbst bestimmt wird. Damit werden die Kinder unabhängiger und autonomer.
Die größere Autonomie kann auch außerhalb des therapeutischen Übungsraumes wirksam werden; die Kinder zeigen sich im Alltag selbstständiger, zugleich werden die Fantasie und Ideenkraft der Kinder angeregt.
Die Bildangebote berühren alle Sinne, sprechen die Augen, die Nase, die Ohren und auch den Tastsinn an. Für viele Kinder sind dies neue und ungewöhnliche Erfahrungen, die auch eine Auswirkung auf andere Lebensbereiche haben. Die Sensibilität emotionaler Wahrnehmungen wird erhöht, das Kind kommt sich selbst und auch anderen näher. Kontakte zu anderen Kindern können leichter aufgebaut werden.

Die eigene Fantasie ist an kein messbares Kriterium gebunden, sie ist nicht objektivierbar und damit wertfrei. Es gibt keinen Leistungsanspruch auf ein so genanntes Lernziel; damit wird Leistungsstress verhindert.

Nachfolgend Beispiele für gängige Formeln des autogenen Trainings, die in Bilder eingebaut sind. Natürlich kann man die Formeln auch in längere Geschichten integrieren.

Schwere-Übungen:

Arme
»Stell dir vor, du gehst einkaufen, du trägst eine schwere Einkaufstasche, in der sich unterschiedliche Waren befinden. Du fühlst, wie schwer die Tasche ist. Deine Arme sind ganz schwer.«

Schultern
»Stell die vor, du hast einen vollbepackten Rucksack auf deinen Schultern. Du fühlst, wie schwer er auf deinen Schultern sitzt. Die Schultern sind ganz schwer.«

Beine

»Stell dir vor, du trägst schwere Schuhe. Du fühlst die schweren Schuhe an den Füßen und Beinen. Beim längeren Laufen durch den Sand an einem Strand fühlen sich die Schuhe immer schwerer an.«

Wärme-Übungen:

Hände

»Stell dir vor, du machst dir ein warmes Armbad. Deine Arme liegen im warmen Wasser. Du fühlst das warme Wasser an deiner Haut, an deinen Armen. Die Arme sind ganz warm.«

Ganzer Körper

»Stell dir vor, du liegst im warmen Sand eines Strandes. Du fühlst die Wärme des Sandes an deiner Haut, an deinem Körper. Die Sonne scheint und wärmt deinen ganzen Körper. Du fühlst die Wärme in dir. Der ganze Körper ist wohlig warm.«

Organübungen:

Atem

»Stell dir vor, du liegst in einer Hängematte. Langsam schwingt sie vor und zurück. Dein Atem schwingt sanft ein und aus, ein und aus, wie eine Hängematte, so ruhig und gleichmäßig. Der Atem geschieht ganz gleich mit dem Schwingen deiner Hängematte. Der Atem geht ganz ruhig und gleichmäßig.«

Herz

»Stell dir vor, du rennst viele Stufen eines Hauses hinauf. Viele Stufen musst du steigen. Du fühlst, wie kräftig dein Herz durch das Laufen schlägt. Kräftig und gleichmäßig schlägt dein Herz. Du legst deine Hand aufs Herz und fühlst sein kräftiges und gleichmäßiges Schlagen. Dein Herz schlägt ruhig, gleichmäßig und kräftig.«

Stirnkühlung

»Stell dir vor, es ist ein schöner Wintertag. Die Sonne scheint und der Schnee zaubert die schönste Winterlandschaft vor deinem inneren Auge. Es ist sehr ruhig. Du stehst auf einem dick verschneiten Hügel, der förmlich zum Schlittenfahren einlädt.

Du bist warm angezogen und entschließt dich, mit dem Schlitten den Berg hinunterzufahren.
Du saust den Hügel hinab, sitzt sicher auf dem Schlitten. Du fühlst den Fahrtwind rauschen, du fühlst den Wind auf deiner Stirn. Deine Stirn ist angenehm kühl.«

Dieser kleine Einblick zeigt, wie geschickt die Formeln des autogenen Trainings in eine Handlung eingebaut werden. Für die Kinder ist das Training im Geschichten-Kontext naturgemäß faszinierender als einfache Suggestionen. Meist entwickeln sie dann ihre eigene Geschichte und gelangen so in einen sehr entspannten Zustand.

Progressive Muskelentspannung

Die progressive Muskelentspannung ist ein aktives Entspannungsverfahren. Die Entspannung basiert auf einer Tatsache, die sich nahezu jeder von uns einmal am Tage zunutze macht: Kurz nach dem Aufwachen recken und strecken wir uns, um in Gang zu kommen. Solches Recken und Strecken findet sich in ähnlicher Form auch bei der progressiven Muskelentspannung wieder.
E. Jacobson entwickelte dieses Verfahren aus der Erkenntnis, dass kräftiges Muskelanspannen und anschließendes Entspannen wach, frisch und entspannt machen.
Manche Jugendlichen finden nur schwer einen Zugang zu Entspannungsübungen. Die Übungen werden als »Kinderkram« angesehen oder man ist zu »cool« für so etwas. Zudem sehen viele Jugendliche Entspannung als »Magie« an, die von außen eingeredet wird. Daher ist die progressive Muskelentspannung gerade für Jugendliche ein geeignetes Entspannungsverfahren. Die Entspannung wird durch ein aktives, körperbezogenes Vorgehen erreicht, und vor allem findet keine suggestive Einflussnahme statt.

Das Prinzip der progressiven Muskelentspannung besteht darin, dass durch die konzentrierte, kräftige und gezielte Anspannung der Muskulatur bestimmter Muskelgruppen und die darauf folgende Lockerung ein Kontrasteffekt eintritt, der als sehr angenehm erlebt wird. Durch die kräftige Anspannung der Muskulatur wird ein erhöhter Blutdurchfluss erreicht. Durch die folgende Lockerung verstärkt sich die Durchblutung zusätzlich, wodurch ein wohliges Wärmegefühl entsteht.

Dieser Kontrasteffekt, der sich schon innerhalb kürzester Zeit auch bei Ungeübten einstellt, bewirkt die Entspannung. Die Kinder werden ferner mit ihrem Körper so vertraut, dass die in jedem Körperteil angespannte Muskulatur geortet und gezielt gelockert werden kann. Für die Durchführung der progressiven Muskelentspannung mit Jugendlichen kann eine Kurzform des Verfahrens angewandt werden.
Die Kurzform der progressiven Muskelentspannung besteht im wesentlichen aus sieben Schritten. Das Programm dauert etwa 15 Minuten und kann mit geschlossenen Augen im Sitzen praktiziert werden.
Die angesprochene Muskelgruppe wird auf ein festgelegtes Zeichen hin angespannt und diese Spannung für ca. 5 Sekunden gehalten. Auf ein weiteres Signal wird sie sofort vollständig gelockert. Diese Phase der Entspannung dauert 30 bis 40 Sekunden und wird mit voller Konzentration durchgeführt, damit die Jugendlichen in die Muskeln »hineinhorchen« und die Kontrasteffekte wahrnehmen. Bei einer Einteilung von außen ist wichtig, dass die Jugendlichen darauf hingewiesen werden, sich auf den Muskel zu konzentrieren. Suggestionen werden dabei eher vermieden mit dem Ziel, dass die Jugendlichen die Kontrasteffekte selbst wahrnehmen.
Für viele Jugendliche bietet es sich an, Assoziationsbrücken als Hilfe zu geben, wie die Muskulatur korrekt angespannt wird.

Die Reihenfolge der Übungen mit den dazugehörigen Assoziationshilfen sieht dann wie folgt aus:

- Anspannen von Hand, Unter- und Oberarm der dominanten Hand / Ausdrücken eines nassen Schwammes
- Anspannen von Hand, Unter- und Oberarm der anderen Hand
- Anspannen der Augenregion / Stirnrunzeln wie beim Nachdenken
- Anspannen der Schulter / Achselzucken
- Anspannen des Bauches / Bauch einziehen
- Anspannen von Ober- und Unterschenkel und Fuß der dominanten Seite / Bein strecken, als wenn man etwas am Boden Liegendes erreichen möchte
- Anspannen von Ober- und Unterschenkel und Fuß der anderen Seite.

Die Übungen werden im Sitzen und bei ungeübten Kindern unter Anleitung durchgeführt. Sind sie mit den Übungen vertraut, können sie das Programm selbstständig praktizieren.
Bei der progressiven Muskelentspannung und beim autogenen Training ist das »Zurücknehmen« sehr wichtig: Arme und Beine müssen gestreckt werden, es wird tief durchgeatmet und die für die Übung geschlossenen Augen werden wieder geöffnet.

Stichwortverzeichnis wichtiger Begriffe zum Thema »Erziehung«

- ✓ Autogenes Training

  Ein Entspannungsverfahren im Sinne einer konzentrativen Selbstentspannung, in der die Konzentration auf das körperliches Geschehen gelenkt wird.

- ✓ Emotionale Zuwendung

  Unter emotionaler Zuwendung versteht man das Annehmen eines Kindes als eigenständige Person.

- ✓ Entspannungsverfahren

  Ein Entspannungsverfahren wirkt beruhigend auf psychische und somatische Prozesse ein. Ist besonders sinnvoll bei Kindern mit Schlafstörungen, Konzentrationsstörungen und Prüfungsängsten.

- ✓ Erziehung

  Erziehung bedeutet, die Kinder auf dem Weg ihrer Entwicklung zu begleiten, sie mit emotionaler Zuwendung und einer klaren und konsequenten Haltung zu unterstützen.

- ✓ Erziehungsrahmen

  Ein Erziehungsrahmen besteht aus mehreren Regeln, die dem Kind klar signalisieren, wie weit es gehen kann und wo es Grenzen überschreitet. Der Erziehungsrahmen gibt dem Kind eine klare Struktur, zeigt auch, in welchen Bereichen die Eltern nicht den Kindern »reinreden« dürfen.

- ✓ Erziehungsstil

  Ein Erziehungsstil ist die Art und Weise, wie man Kinder erzieht. Der Erziehungsstil sollte unter Partnern möglichst einheitlich sein.

- ✓ Interaktionskonflikt

  Unter einem Interaktionskonflikt versteht man Machtkämpfe zwischen den Eltern und ihren Kindern, die durch einen fehlenden Halt seitens der Eltern nicht mehr eingegrenzt werden können und an Intensität gewinnen. Ein Interaktionskonflikt hat nichts mit psychischer Erkrankung zu tun, kann aber zu einer Erschöpfung der Eltern und zu Verhaltensauffälligkeiten der Kinder führen. Die eigentliche Falle von Erziehungsproblemen.

- ✓ Ich-zentriertes Denken

  Hierunter versteht man den gesunden Egoismus eines Kindes, der ganz normal ist. Kinder haben ein großes Bedürfnis nach Erfüllung ihrer Wünsche.

- ✓ Konsequente Erziehung

  Unter einer konsequenten Erziehung versteht man das zeitnahe Durchsetzen fester Regeln.

- ✓ Progressive Muskelentspannung

  Ein Entspannungsverfahren, in dem abwechselnd gewisse Muskelpartien angespannt und wieder entspannt werden.

- ✓ Regeln

  Regeln sind Entscheidungen, die den Eltern und den Kindern einen klaren Ablauf im Erziehungsalltag ermöglichen. Wichtig: Regeln dürfen geändert werden, wenn die Bedingungen und Umstände es erfordern.

- ✓ Regeln im Sinne der Verantwortung

  Das sind von den Eltern getroffene Entscheidungen, die aufgrund der Aufsichts- und Fürsorgepflicht durchgesetzt werden *müssen*. Sie bilden einen Teil des Erziehungsrahmens.

- ✓ Regeln zum Schutze der eigenen Bedürfnisse

  Das sind Entscheidungen, die zum Schutze des individuellen Bereiches der Eltern getroffen werden. Sie bilden den zweiten Teil des Erziehungsrahmens.

- ✓ Schuldgefühle

  Schuldgefühle sind innere Konflikte von Eltern oder Kindern. Sie halten sich für verantwortlich für das Leiden eines anderen.

Schlusswort

Dieses Buch soll allen Eltern Mut machen, die trotz intensiver Auseinandersetzung mit ihrem Erziehungsverhalten oft vor schier unlösbaren Problemen mit ihren Kindern stehen und nach praktischer Hilfe suchen. Gerade durch die praktische Ausrichtung soll ein besseres Verständnis für diffizile Problemsituationen erreicht werden. Mütter und Väter haben die Möglichkeit, durch eine Änderung des eigenen Verhaltens die Entwicklung des Kindes in gute Bahnen zu lenken und sich selbst dabei wohl zu fühlen. So kann die Erziehung zu etwas sehr Schönem werden, das weit über die Verpflichtung hinausgeht.

Die wichtigsten Erkenntnisse noch einmal in der Zusammenfassung:
Für eine erfolgreiche Erziehung ist ein klarer Erziehungsrahmen notwendig. Er besteht aus Regeln, die Eltern im Sinne der Verantwortung für ihre Kinder und zur Wahrung der eigenen Bedürfnisse den Kindern gegenüber setzen. Innerhalb dieses Erziehungsrahmens dürfen sich die Kinder frei bewegen; ihr eigener Bereich, dessen Grenze die *Eltern* nicht überschreiten dürfen, bleibt gewahrt. Die Einhaltung dieser klaren Grenzen bedeutet eine konsequente Erziehung. Entscheidend ist dabei, über Regeln mit den Kindern nicht immer wieder zu diskutieren oder sie ständig zu wiederholen, da man sich so unglaubwürdig macht und das Kind verunsichern würde. Eine Verunsicherung der Kinder führt immer zu weiteren Machtkämpfen. Zusätzlich sollten Regeln immer zeitnah umgesetzt werden, Bestrafungen sind dann nicht mehr nötig. Auch sollte man Regeln nicht in Verbindung mit einer Belohnung für eine Einhaltung bringen. Belohnungen sollten immer spontan erfolgen.

Ein zweiter Aspekt bei der Einhaltung des Erziehungsrahmens ist das *Verhältnis* der Eltern zu ihren Kindern. Ganz wichtig ist die emotionale Zuwendung bei der Umsetzung von Regeln. Eltern sollten dabei die drei Grundhaltungen »Empathie, Kongruenz und Akzeptanz« beherzigen, damit die Kinder nicht das Gefühl bekommen, abgelehnt zu werden, denn diese Verunsicherung würde wiederum zu vermehrten Machtkämpfen führen.
Regeln können durchaus zugleich konsequent und liebevoll umgesetzt werden, aber möglichst durch eine Handlung, nicht durch Diskussionen.

Es sollte niemals vergessen werden, dass alle Kinder ich-zentriert denken; deshalb würden wiederkehrende Erklärungen einer Regel zu nichts führen, da das Bedürfnis der Kinder, die Grenze zu überschreiten, fast immer stärker ist. Man kann solche Grenzüberschreitungen auch als eine notwendige Aufgabe innerhalb ihrer Entwicklung deuten, nur an den gesetzten Grenzen orientieren Kinder sich weiter. Es hat nichts mit Ungehorsam oder schlechtem Charakter zu tun. Machtkämpfe sind ganz normal und kommen auch in Therapeuten-Familien vor!

Ein dritter Aspekt ist die Umsetzung dieser Regeln. Viele Eltern kennen die Regeln, fühlen sich aber immer wieder provoziert, wenn ihre Kinder die Grenzen austesten. Sie wissen, dass sie den Erziehungsrahmen konsequent und liebevoll einhalten müssen, aber es gelingt ihnen nicht immer. Allzu leicht wird dann doch wieder aus dem Affekt heraus reagiert, wider bessere Einsicht.

Dieses Buch befasst sich daher insbesondere mit den Hintergründen typischer Erziehungskonflikte, die oft von den Anteilen der Eltern aus ihrer eigenen Kindheitsgeschichte geprägt sind. Haben die Eltern als Kind erfahren, dass man nicht schreien darf, werden sie auch bei ihren Kindern Schreien nicht zulassen bzw. mit aller Macht versuchen, es abzustellen. Da helfen auch keine theoretischen Regeln über die Erziehung. Nur über die Bewusstwerdung dieser eigenen Anteile können Eltern diese Problematik in den Griff bekommen.

Der zuletzt genannte Aspekt zeigt auch die Bedeutung der Übertragungen. Kinder spüren sehr genau, wie ihre Eltern sich fühlen, ob sie unsicher, traurig oder fröhlich sind. Daher ist es sehr wichtig, dass die Eltern sich selber ernst nehmen, ihren eigenen Bereich schützen, nach dem Motto:
»An erster Stelle stehe ich, dann mein Kind. Nur so kann ich meinem Kind all die Liebe schenken, die es braucht. Nur wenn ich mich selber lieben kann, kann ich auch meinem Kind Liebe geben.«

In diesem Sinne wünsche ich allen Eltern Gelassenheit und viel Erfolg bei der Lösung kleiner und größerer Probleme im Erziehungsalltag.

Anhang – Übungsbeispiele

Denken Sie immer an den Erziehungsrahmen, an eine zeitnahe Umsetzung der Regeln, möglichst dabei nicht diskutieren, erinnern Sie sich an die Kommunikationsregeln und bewahren Sie Ihren Kindern gegenüber emotionale Wärme.

Fallbeispiel	**Wie reagiere ich richtig???**
Ein Vater möchte die Zeitung lesen. Sein Sohn klettert fortwährend auf seinen Schoß, so dass sich der Vater nicht mehr konzentrieren kann.	
Ihr Kind kommt nicht rechtzeitig nach Hause, wie reagieren Sie?	
Sie möchten in Ruhe Ihre Zeitung lesen, aber Ihr Kind kommt ständig mit Fragen zu Ihnen.	

Sie bemerken, dass Ihr Kind Sie angelogen hat. Es sagt Ihnen, dass es die Biologiearbeit nicht zurückbekommen habe. Von der Lehrerin haben Sie gehört, dass Ihr Kind eine 5 geschrieben hat.	
Sie wollen Staub saugen, aber Ihr Kind zieht fortlaufend den Stecker heraus. Sie sind sehr in Eile.	
Ihr Kind stellt den CD-Player so laut, dass Sie sich im Nebenzimmer nicht mehr unterhalten können.	
Ihr Kind kommt mit schmutzigen Händen zum Mittagstisch. Auch die Kleidung sieht völlig verdreckt aus.	

Ihr Kind will seine Spielsachen nicht aus dem Wohnzimmer räumen.	
Ihr Kind albert unentwegt, läuft Ihnen dabei hinterher. Sie können Ihre Aufgaben kaum noch erledigen.	
Ihr Kind möchte nicht zu Mittag essen. Es habe keinen Hunger, dafür wolle es lieber eine Tafel Schokolade.	
Ihr Kind möchte nicht in die Schule, die seien eh alle doof. Es teilt Ihnen auch mit, dass es Bauchschmerzen habe.	

Ihr Kind kommt mit einem neuen Haarschnitt nach Hause. Die Haare sind jetzt blau gefärbt. Wie reagieren Sie?	
Sie haben es endlich geschafft, Ihr Kind in einen Fußballverein zu bewegen. Nun sagt es Ihnen, dass es aufhören möchte, es habe keine Lust mehr.	
Ihr Kind nässt ein. Der Arzt berichtet Ihnen, dass es keine organischen Ursachen gibt. Was tun Sie?	
Sie möchten mit Ihrer ganzen Familie ein Picknick machen, aber eines Ihrer älteren Kinder möchte nicht mit. Es möchte sich lieber mit Freunden treffen.	

Ihr Kind möchte mehr Taschengeld von Ihnen.	
Ihr Kind ist 14 Jahre alt und möchte auf eine Zeltfete. Es möchte unbedingt bis 01:00 da bleiben. Wie reagieren Sie?	
Ihr Kind hat ein Problem, das offensichtlich sehr wichtig ist. Leider haben Sie eigentlich gar keine Zeit. Was könnten Sie tun?	
Sie sind mit Ihrem dreijährigen Kind am Strand. Als Sie gehen möchten, will es nicht mit.	

Ihr Kind schlägt immer dann nach Ihnen, wenn Sie ihm etwas verweigern. Wie gehen Sie vor?	
Ihr Kind, 7 Jahre alt, möchte abends nicht alleine schlafen. Es habe Angst, alleine in seinem Zimmer zu sein. Was tun Sie?	
Sie haben starke Probleme seit der Trennung vom Vater des Kindes. Ihr Kind redet immer sehr positiv von seinem Vater und versteht Sie nicht. Wie reagieren Sie?	
Ihr sechzehnjähriger Sohn hat eine Freundin, die Sie sehr grenzüberschreitend finden. Er liebt sie aber ganz innig. Wie gehen Sie damit um?	

Ihre Tochter hat einen Freund, der mit gefährlichen Drogen handelt. Sie liebt diesen Freund über alles. Was würden Sie tun?	
Ihr Kind ist übergewichtig und will nicht darüber mit Ihnen reden. Es macht keinen Sport und möchte immer Süßigkeiten.	
Ihr dreijähriger Sohn nimmt immer noch den Schnuller. Er möchte ihn keineswegs abgeben, sonst schreit er heftig. Was ist zu tun?	
Ihr Kind hat keine Freunde, ist in der Schule ein Außenseiter, spricht nicht mit Ihnen. Es ist einfach still.	

Ihr Kind möchte unbedingt ein Haustier, Sie wissen aber, dass es bisher kaum Aufgaben erledigt hat, und befürchten, dass es sich nicht um das Tier kümmern wird. Wie würden Sie sich verhalten?	
Ihr siebzehnjähriger Sohn macht immer wieder Schulden, er überzieht sein Konto. Er fragt Sie wiederholt, ob Sie ihm nicht 50 Euro leihen könnten.	
Ihr Kind müsste eigentlich eine Spange tragen, findet diese aber hässlich. Was würden Sie tun?	
Ihr zwölfjähriges Kind trödelt morgens immer, sodass Sie zu spät kommen, da Sie es vorher zur Schule fahren müssen. Wie gehen Sie damit um?	

Ihr Kind kommt mit Ihrem neuen Lebenspartner nicht klar. Es möchte zu seinem Vater. Es will sich nicht von Ihrem neuen Partner erziehen lassen. Wie gehen Sie damit um?	
Ihre fünfzehnjährige Tochter möchte sich unbedingt tätowieren lassen. Sie finden es nicht so berauschend. Was würden Sie machen?	
Ihre Tochter wünscht sich zum Geburtstag eine Hose, die Sie furchtbar finden. Wie reagieren Sie?	
Ihr fast erwachsener Sohn möchte Pilot werden. Sie finden den Job sehr gefährlich. Was sagen Sie ihm?	

Ihr Kind will abends nicht einschlafen. Es kommt immer wieder zu Ihnen und möchte etwas zu trinken oder Ähnliches. Das Abendritual ist schon lange vorbei. Was tun Sie?	
Ihr Kind beschimpft Sie auf das Übelste, da Sie ihm eine Regel nicht erlauben. Was können Sie tun?	
Ihre sechzehnjährige Tochter ist ungewollt schwanger geworden. Sie möchte das Kind nicht abtreiben. Sie halten die ganze Sache für aussichtslos, finanziell ist sie total überfordert. Wie handeln Sie?	
Ihre Kinder stören Sie fortlaufend beim Telefonieren. Sie fühlen sich genervt. Was tun Sie?	

Ihr Kind möchte sich abends nicht waschen. Sie halten Körperhygiene aber für sehr wichtig. Was tun Sie?	
Ihre Kinder streiten sich ständig. Eines läuft zu Ihnen und beschwert sich über das andere. Wie reagieren Sie?	
Ihre Tochter kommt nach Hause und möchte die Pille haben. Stimmen Sie zu?	
Sie finden bei Ihrem Sohn Zigaretten, Sie sind überrascht, da er gerade 15 Jahre alt ist. Wie reagieren Sie?	

Sie vermuten, dass Ihr Sohn aus Ihrer Geldbörse 20 Euro gestohlen hat. Wie würden Sie damit umgehen?	
Ihr Kind möchte ein Augenbrauen-piercing. Würden Sie es Ihrem Kind erlauben?	

Raum für Notizen

Raum für Notizen

Raum für Notizen

Raum für Notizen

Raum für Notizen